사연으로 움직이는 가정

사연으로 움직이는 가정

지은이 | 도은미
초판 발행 | 2006. 10. 9
7쇄 | 2021. 5. 6
등록번호 | 제1988-000080호
등록된 곳 | 서울특별시 용산구 서빙고로65길 38
발행처 | 사단법인 두란노서원
영업부 | 2078-3352   FAX 080-749-3705
출판부 | 2078-3331

▎책값은 뒤표지에 있습니다.
ISBN 89-531-0532-3
      978- 89- 531- 0532- 4

▎독자의 의견을 기다립니다.
tpress@duranno.com   http://www.Duranno.com

두란노서원은 바울 사도가 3차 전도 여행 때 에베소에서 성령 받은 제자들을 따로 세워 하나님의 말씀으로 양육하던 장소입니다. 사도행전19장 8-20절의 정신에 따라 첫째 목회자를 돕는 사역과 평신도를 훈련시키는 사역, 둘째 세계선교(TIM)와 문서선교(단행본 · 잡지)사역, 셋째 예수문화 및 경배와 찬양 사역, 그리고 가정 · 상담 사역 등을 감당하고 있습니다. 1980년 12월 22일에 창립된 두란노서원은 주님 오실 때까지 이 사역들을 계속할 것입니다.

사연으로 움직이는 가정

도은미 지음

두란노

contents

들어가는 말- "가정은 반드시 전문적인 시각으로 읽어내야 합니다" 8

1부 가정과 사연_ 가정은 사연으로 작동합니다 11

1. 가정은 사람의 이야기입니다 12

사람은 서로 다른 이야기로 살아갑니다/ 가정은 가족이 붙들고 사는 이야기입니다/ 가정을 이해하려면 사람을 이해해야 합니다/ 사람을 이해하려면 말을 이해해야 합니다

2. 모국어가 무엇입니까? 31

모국어가 다르면 사람이 다릅니다/ 한 사람의 모국어는 그 사람의 핵심입니다/ 사람은 자기의 모국어로 모든 것을 해석합니다/ 건강한 모국어는 건강한 해석을 낳습니다

3. 말은 권세를 가졌습니다 51

말이 가정의 한계입니다/ 말은 일합니다/ 말에는 묶고 푸는 권세가 있습니다

4. 생명을 만드는 '푸는 말' 62

푸는 말은 생명을 생산합니다/ 푸는 말은 건강한 이야기를 만듭니다/ 푸는 말은 사람을 성숙하게 합니다

5. 사연을 만드는 '묶는 말' 79

묶는 말로는 사건에서 교훈을 얻을 수 없습니다/ 묶는 말은 사연을 만듭니다/ 사연은 풀리지 않은 감정입니다/ 사연은 반드시 상처를 남깁니다/ 사연은 사람을 고립시키고, 고정시키며, 고장 난 사람으로 살게 합니다/ 사연은 사람을 미성숙하게 만듭니다

2부 **사연의 활동**_ 사연은 **가정의 실세**입니다   115

1. 사연은 거짓 실세 116

사연은 보이지 않는 실권자입니다/사연은 진리가 아니라 자기 이야기입니다/ 사연은 가짜 이야기입니다

2. 사연에 성실한 사람들 126

사람들은 사연에 성실합니다/ 실세인 사연에는 실학이 있습니다/실세인 사연은 실황을 조성합니다/실세인 사연은 꼭 실천합니다/실세인 사연은 실력으로

움직입니다/ 실세인 사연은 '사연'을 실현시킵니다

3. 악한 재생산자 '사연' 149

사연은 성실하지만 열등한 자기 증명 이야기입니다/ 자기 증명은 곧 자기 정당화로 승화됩니다/ 자기 정당화는 곧 자기 기준화로 발전합니다 / 자기 기준화는 자기 확장화로 변신합니다/ 자기 확장화는 자기 생산화로 결론을 내립니다

4. 사연의 사망 신고서, '그리스도' 181

3부 사연의 특징_ 사연은 함께 움직이는 조직폭력단입니다 189

1. 사연은 4가지 심리와 함께 활동합니다 190
2. 사건의 값을 결정하는 '허세심리' 192
3. 사연자의 마땅한 권리, '보상심리' 202
   약자 찾아 삼만 리/ 약자의 특징
4. 사연자의 당연한 분노, '보복심리' 213
5. 사연의 종착지, '사망심리' 224

4부 사연의 영향력_ 사연은 사람을 병들게 합니다 231

1. 허세심리는 4가지 심리 현상을 빚습니다 232
가설현상 / 가명현상 / 가면현상 / 가식현상

2. 보상심리는 4가지 의식으로 활동합니다 249
채워지지 않은 보상심리는 피해의식으로 발전합니다/ 해결되지 않은 보상심리는 피곤의식으로 발전합니다/ 충족되지 않은 보상심리는 핍절의식으로 작동합니다/ 충족되지 않은 보상심리는 열등의식으로 작용합니다

3. 보복심리는 여러 단계를 거쳐 병증으로 발전합니다 265
사연자는 필히 병들어야 합니다/ 사연자는 증상을 통해 자신의 병을 드러냅니다/ 사연자는 병으로 관계합니다/ 사연자는 병을 전염시켜 병자를 생산합니다

4. 사망심리는 병든 사연자가 추구하는 최종 목적지입니다 282

5. 병든 사연자의 한 줄기 희망 289

출구를 찾는 사람들에게 294
남기는 말_ "소중하고 소중한 '가정'을 위해 읽고 배우고 깨닫고 실천하십시오" 300

"가정은 반드시 전문적인 시각으로 읽어내야 합니다"

'가정의 눈' 이란 가정을 이해하고 해석하는 전문적인 언어를 의미합니다. 누구나 감기가 들었을 때 신체에 일어나는 현상들을 알고 있습니다. 그러나 의사는 그 현상들을 전문적인 언어로 이해하고 해석하여 처방을 해줍니다. 같은 감기 증세라도 감기 몸살로 진단될 수 있고, 폐렴이나 편도선염으로 진단되어 처방될 수도 있고, 때론 비염 알레르기나 축농증으로도 진단될 수 있습니다. 전문적인 눈은 감기를 더욱 자세하게 또 정확하게 볼 수 있도록 돕습니다.

가정을 이해하는 전문적인 언어도 이와 마찬가지입니다. 가정에 대해서 모르는 사람은 없겠지만 가정에 대한 전문적인 눈, 즉 '가정의 눈' 을 가지고 가정을 보면 더욱 섬세하게 그리고 더욱 정확하게 이해하고 해석할 수 있게 됩니다. 만약 필요하다면 정확한 진단과 처방을 할 수 있도록 도울 수도 있습니다.

　가정해부학 제1권 「살아있는 가정」이 가정을 볼 수 있는 전문적인 눈을 얻도록 도와주었다면, 제2권은 그 눈으로 가정을 보고 진단하는 연습에 목적이 있습니다. 가정을 시스템으로 보는 눈은 가정 이해에 매우 중요한 역할을 감당합니다. 이런 시각으로 보는 가정은 가족의 일원인 한 사람의 개인적인 철학이나 생활로 해석되는 곳이 아닙니다. 가족구성원 한 사람 한 사람이 특별한 방법으로 서로 얽히고 엮여 아주 독특하면서도 공통된 다이내믹을 연출해내는 '그 가정의 관계 이야기'라는 관점에서 해석될 것입니다. 가족 모두는, 강아지까지라도, 그 가정을 이해하기 위해선 절대 없어서는 안 될 주인공들입니다. 그들이 독특한 방법으로 서로에게 관계하며 자기들만의 가정 이야기를 만들어내지요. 이 이야기에 관심을 두고 귀를 기울이는 것이 가정해부학의 매우 중요한 관점입니다.

　자, 이제부터 시스템적 관점으로 보는 '가정의 눈'을 작동시키십시오. 그리고 소개되는 가정의 가족마다 특정한 시나리오에 맞춰 자기의 역할을 충실히 연출해 나가는 배우들이라고 생각하며 가정을 읽어 가십시오. 그리고 땀을 흘리며 수고하는 그들의 연기가 서로에게 어떻게 연결되어 있고 또 무엇을 의미하며, 무엇 때문에 그토록 안타까워하며 피를 흘리고 있는지 알아보십시오. 그것을 읽어낼 수 있다면 가정을 진단하고 처방하는 데 많은 도움이 될 것입니다. 가정은 시스템으로 작동합니다. 이제 눈을 떠 보십시오. 당신의 눈으로 가정을 읽어내실 수 있기 바랍니다.

가정해부학 제1권 「살아있는 가정」은 가정의 시스템적 작동 방법을 쉽고 자세하게 설명하고 있습니다. 가정을 읽어내는 '4가지 눈'을 소개하며, 특별히 '가정의 눈'을 통해 가정을 이해하고 해석하는 방법을 설명합니다. 필히 참조하십시오.

1부 가정과 사연

가정은 사연으로 작동합니다

1. 가정은 사람의 이야기입니다

가정은 사람을 이해함으로 이해되고, 사람은 그 사람이 붙들고 사는 이야기를
앎으로 이해할 수 있습니다.

사람은 서로 다른 이야기로 살아갑니다

김 씨는 매우 비상한 사람입니다.
어디에서 누구와 만나도 항상 말할 것이 준비되어 있는 사람이고,
어떤 주제건 대화에 막힘이 없는 사람입니다.
뛰어난 처세술과 탁월한 화술로
어디를 가든지 사람들이 모이고 웃음이 있습니다.

그와는 달리 아내 송 씨는 무척 둔한 사람입니다.
한참이나 대화가 진행되었음에도 불구하고
왜 그런 말을 하는지 이유를 종종 묻습니다.

농담과 진담을 구별할 줄 모르고,
우스개 소리를 해도 알아듣지 못해 때 맞춰 웃질 못합니다.
자기 성격대로 사는 사람이라 말을 골라 할 줄도 모르고,
또 해야 할 말이라고 생각하면 참을 줄도 모릅니다.
좋아하는 사람에겐 간도 빼주지만 한 번 싫은 사람은 죽어도 싫습니다.

김 씨와 송 씨는 한 지붕 아래서 각자 살아갑니다.
같이 다니거나 같이 하는 일은 거의 없습니다.
각자가 하는 일에 서로 참견하지 않고,
각자가 사는 방법에 서로 관심 두지 않습니다.
그저 상대방에게 피해만 주지 않는다면
각자 무엇을 하든지 상관하지 않기로 했기 때문입니다.
서로 너무 다른 탓에 싸움이 잦아
결혼 3년 만에 서로를 위해 협상을 본 것입니다.

그럼에도 불구하고 김 씨와 송 씨 사이에
늘 문제가 되는 것이 있습니다.
바로 하나밖에 없는 아들입니다.
해야 하는 공부를 못해 문제고, 선생님들께 태도가 불손해서 문제입니다.
가정에서 컴퓨터 게임만 하고 있어 문제고,
나가면 연락을 취하지 않아 문제입니다.

다 떨어져 너덜거리는 옷을 입고 다니는 것이 문제고,
새빨간 머리에, 주렁주렁 달고 다니는 귀고리가 문제입니다.
참다 참다 안 되서 타이른다고 말을 시작하면
버럭 화를 내며 일어나 말썽피우는 자식은 쓸모없으니
죽어버리겠다며 바람같이 나가버립니다.
머리에 든 것이라곤 노는 생각밖에 없으면서
겉멋만 잔뜩 부리고 성질만 못된 것이 문제입니다.
자식이라곤 그 아들 하나밖엔 없는데
하나부터 열까지 부모 마음에 들지 않아 문제입니다.

김 씨는 아들의 문제가 아내 때문에 더 심각해진다고 믿습니다.
앞뒤 가리지 않고 자기 생각대로 막무가내로 말하는 아내의 버릇이
아들을 더 말썽꾸러기로 만든다고 생각합니다.
그는 매번 아내에게 아들을 좀 더 세심한
관심과 사랑으로 돌보라고 이야기합니다.
아들이 말썽을 피는 이유는
어머니의 관심과 사랑이 부족하기 때문이라고 강조합니다.
다른 여자들은 여섯 일곱도 잘 키우는데
너는 하나도 제대로 못 키우느냐며 항상 아내를 나무랍니다.

그러나 아내 송 씨는 남편 김 씨가 문제라고 생각합니다.

남편의 우유부단한 성격이 아들을 문젯덩어리로 만든다고 생각합니다.
아들에게 인심 잃지 않으려는 얄팍한 생각으로
듣기 좋은 말만 해서 아들이 버릇이 없다고 말합니다.
아들이 말썽을 피는 것은 딱 부러지게 말하고
철저하게 질서를 잡아주고 따끔하게 타이르는
아버지가 없어서 그렇다고 말합니다.
아내 송 씨는 아들보다 남편을 쳐다보면 더 속이 뒤집히고 화가 납니다.

학기말이 지나 아들의 형편없는 성적표가 도착했습니다.
그날 저녁 김 씨와 송 씨 그리고 아들까지
셋이 밥상에 앉아 식사를 하고 있었습니다.
아내는 남편이 말을 꺼내기를 기다렸지만
남편 김 씨는 전혀 성적표에 대한 말을 하지 않았습니다.
사건만 닥치면 그저 피해가려는 남편의 근성이
너무 뻔히 들여다보여 밥이 목으로 넘어가질 않습니다.
이제나 말을 꺼낼까 저제나 말을 꺼낼까
기다리던 아내는 아들에게 튈 불똥을 남편을 향해 쏟아 붓습니다.

"당신은 어쩜 그렇게 무책임해요?
구렁이 담 넘어가듯 어떻게든 슬쩍 넘어가려고만 하니,
사람이 어떻게 그럴 수 있어요? 당신이 이 애 아버지 맞아요?

아들의 성적표가 왔으면, 그에 대한 무슨 말을 해야 할 것 아녜요?
잘못 했으면 야단을 쳐야할 것이고,
잘했으면 칭찬을 해야 할 것이고….
매사 어쩜 그렇게 우유부단해요?
모든 일을 좀 딱 부러지게 해결할 수 없어요?
이 상황에서 밥이 목으로 넘어가요?
자식이 또 낙제할 판국인데, 밥이 목구멍으로 넘어 가냐고요?
어이구, 내 팔자야.
내 팔자에 남자라곤 도통 둘밖에 없는데,
어쩜 하나같이 저 모양인지….
제대로 된 남자 하나가 없으니….
어쩜 난 이렇게 팔자가 기구해.
어이구, 내 팔자야. 어이구, 내 팔자야."

김 씨는 기가 막혔습니다.
매사 이런 식입니다.
아내는 자기가 생각한 것만 옳다고 우깁니다.
항상 자기가 원하는 시간에 자기가 옳다고 하는 방법대로
일이 풀리지 않으면 소란을 피우고 팔자타령을 합니다.
그런 아내가 오늘 따라 더욱 진절머리 쳐집니다.
아들의 성적표에 대한 말을 하지 않겠노라고 말한 적도 없고,

또 남편인 자기에게 언제, 어떻게 아들에게
그 말을 할 것인지 물어보지도 않았습니다.
항상 자기 생각으로 넘겨짚고 애 앞에서 사람을 엉망으로 만듭니다.

김 씨는 우선 아들에게 밥을 먹이고 성적에 대해 말하려고
마음을 먹고 있었습니다.
이왕 밥 먹는 시간이고, 또 밥 먹을 때는 개도 안 건드린다고 했으니
아들이 밥을 다 먹고 나면 그때 천천히 분위기를 보면서
말을 시작하려고 준비하고 있었습니다.
밥 먹는 아들을 건드려 무슨 득을 보겠습니까?
다 생각하고 준비하고 있는데 자기가 급하면 언제든지 앞질러 가서
사람을 묵사발 만드는 아내가 너무 밉고 싫습니다.
속에서 분노가 뻗쳐 올라오는데 도저히 참을 수가 없습니다.
"야, 너 말 다했어? 입 닥치지 못해?
밥 먹을 땐 개도 안 건드리는 거야. 넌 그런 상식도 없냐?
네 눈엔 내가 개보다도 못하게 보이냐?
넌 말이야, 남편과 자식에 대한 기본적인 예의도 없는 여자야.
애가 밥 먹고 나면 그때 말하려고 기다리고 있는데
네가 내 마음을 어떻게 그렇게 잘 알아서 항상 앞질러 난리를 피냐?
넌 날 기본적으로 무시하는 여자야.
항상 이런 식으로 멀쩡한 사람을 뭉개버린단 말이야.

오늘 이대로 그냥 넘어가면 내가 정말 사람이 아니다!
오늘 애하고 끝장을 볼 게 아니라, 너하고 끝장을 봐야겠다.
뭐? 이 집에 제대로 된 남자가 없다고?
그래? 너 오늘 제대로 된 남자 맛 좀 봐라.

아들은 항상 문제를 일으킬 때마다
자기 때문에 부모가 서로 싸우는 것이
참 다행스럽기도 하고 고맙기도 하고
한편으로는 우습기도 합니다.
분명 문제를 일으킨 것은 자긴데,
자기는 한 번도 야단을 제대로 맞은 적이 없습니다.
통 그럴 새가 없습니다.
항상 엄마가 화를 못 참아 먼저 부르르 일어나고
이에 아버지가 무시당했다고 벌컥 화를 내고 서로 싸우고….
이렇게 시작하여 서로 옳고 서로 틀렸다고 우기고 싸우며
난리를 치다가 서로에게 삐쳐서 얼마간 침묵하며,
어색한 분위기 속에서 한 주 정도를 지냅니다.
그러면 그 사이에 막상 싸움의 원인이었던 자신과 그 문제는
스르르 없어져 버리고 두 사람은 오히려 자기에게 미안한 얼굴로
이것저것 필요한 것을 사주며 더욱 잘해줍니다.
어쨌거나 참 감사할 일밖에 없습니다.

이번에 저지른 일도 두 사람이 자기를 대신해서 서로 지적하고
서로 야단맞고 서로 맞붙어 싸우는 것으로 마무리 될 것 같습니다.
자기는 그냥 조금 미안한 척하고
며칠만 조용히 지나가면 저절로 해결될 것이 분명합니다.
이번 일도 감이 참 좋습니다.

그건 그렇고, 며칠을 그렇게 지낼 생각을 하니
벌써 따분한 생각이 듭니다.
부모님 앞에서만 며칠간 조용히 있으면 되니까
뒤로 몰래 뭐 좀 재미있는 일을 펼쳐봐야 할 텐데….
뭐 좀 재미있는 일이 없을까?

가정은 가족이 붙들고 사는 이야기입니다

가정은 시스템으로 작동합니다. 시스템은 가정의 마스터(Master)와 그의 이야기로 작동되지요. 그의 이야기는 그가 경험한 단어들의 집합체입니다. 그 단어들의 집합체는 결국 한 이야기를 만들고, 그 이야기는 가정 구성원들에게 한 정신을 소유하게 하며 삶의 한 방향을 가리킵니다. 결국 그 이야기에 담긴 정신과 방향이 시스템을 작동시키는 원동력이 되고 힘이 되는 것입니다.

어떤 이야기를 가지고 사느냐가 그 가정의 색깔과 모양과 맛과 냄새를 결정합니다. 그 이야기에 흐르는 정신이 무엇인가에 따라 그 사람의 평생이 결정됩니다. 긍정적인 정신이 흐르면 긍정적인 인생을 살 것이고, 부정적인 정신이 흐르면 부정적인 인생을 살 것입니다.

현 씨 아주머니는 굉장히 부지런한 사람입니다.
새벽부터 일어나 빨래하고, 밤새 나온 쓰레기를 다 정리해 버리고,
집안도 안팎으로 말끔히 청소하고, 조반도 일찌감치 다 준비해 둡니다.
이미 한 나절이나 되는 시간을 먼저 일어나 일했기에
남편과 자녀들이 일어나면 눈빛과 얼굴 표정과 행동으로
"아, 이 게으른 자들"이라는 메시지를 한껏 보냅니다.
남편과 아이들은 일어나면서부터 미안해야 하고
뭔가 잘못한 것 같은 죄인의 분위기로 하루를 시작합니다.
온 가족이 현 씨의 눈치를 보며, 큰 소리도 못 내고
어떤 헛소리도 못해보고 허둥지둥 씻고 대강 밥을 먹고
도망가듯이 집을 빠져나갑니다.
엄마의 신경을 건드린 그 어떤 사건도 없었다는 것에
안도의 한숨을 내쉬면서….

오전 9시 정도가 되면 현 씨의 집안은 이미 다 정돈되어 있고
그날 먹을 점심까지 다 준비되어 있습니다.

동네에서 조그마한 철물점을 하고 있는 남편이
점심시간에 집에 들어와 식사하는 것 외에는
하루 종일 별 큰일이 없는 현 씨입니다.
새벽부터 부지런히 일하여 일찌감치 집안일을 다 마쳤으니
현 씨 아주머니에게는 하루 종일 몸을 쉬며
다음 새벽의 힘든 시간들을 위해 심신을 준비하는 일만 남았습니다.
그것이 현 씨에게 남은 하루의 과제입니다.

현 씨 남편 이 씨는 아내 때문에 곤란할 때가 참 많습니다.
가장 곤란한 경우는 점심 약속이 생기는 경우입니다.
아침 9시면 이미 점심 준비가 다 된 후이기에
혹 점심 약속이 생겨 11시쯤 아내에게 연락을 취하면,
왜 진작 말하지 않았냐며,
또는 점심이 준비돼 있는 것을 알면서 왜 약속을 했냐며
무척 화를 내기 때문입니다.
비싼 반찬 값을 들여 힘들게 음식을 장만해 놓았는데,
어쩜 자기가 하는 일은 왜 그렇게 쉽게 생각하는지 모르겠다며
눈물까지 글썽입니다.

이제 이미 만들어 놓은 음식을 어떻게 하느냐고 화를 내고,
이 집구석은 수고하는 사람을 배려할 줄 모른다고 화를 내고,

온몸이 아파서 정말 할 수 없는 상황이었는데
억지로 몸을 부려 애써 점심을 해놓았더니
밖에 나가 먹는다고 화를 냅니다.
재수 없는 년은 자빠져도 코가 깨진다나 뭐라나….

이 씨는 친구와 점심 약속을 하는 것도
아내 현 씨의 눈치를 봐야하니 때론 무척 화가 치밉니다.
아내가 부지런한 것은 참 좋은데,
상황에 따라 정상적인 것이 비정상으로 처리되니 안타깝습니다.
당연한 여유를 부릴 수 없어 곤란한 적이 한 두 번이 아닙니다.
아침 9시면 점심 준비가 완료되는 아내를 나무랄 수도 없고,
그렇다고 11시에 점심 약속한 것을 눈치 보며 미안해 할 수도 없고….
누가 들으면 웃을 일이라 이런 일을 친구들에게 말하기도 난처합니다.

그런데 문제는 아내 현 씨가 이런 사건들의 이면을
전혀 알지 못한다는 것입니다.
여러 가지 면에서 사건을 해석하고 풀어가는 것이 아니라
집 식구들이 자기를 배려하지 않는다는 사실에만
초점을 맞추기 때문입니다.
자기는 항상 최선을 다하는 사람이고,
나머지 식구들은 대강대강 살아가는 사람이라고 치부합니다.

정말 정상적인 생활의 이야기인데도
매번 큰일이 일어난 것처럼 반응을 하니
이 씨는 그런 아내 현 씨가 무척 불편합니다.
그래도 아내의 눈치만 살필 뿐 가타부타 말할 수가 없습니다.
새벽부터 서둘러 일을 끝내는 것이 아내에겐 너무 중요한 일이기에,
이를 건드리는 것은 불화를 자초하는 일임을 알고 있기 때문입니다.
그냥 눈감고 넘어가 주는 것이 서로 편할 것 같아
입을 꽉 닫고 지나가지만 그럴수록 답답함은 이루 말할 수가 없습니다.

사람 만나는 것도 별로 좋아하지 않고,
별다른 취미도 없는 현 씨 아주머니는 주위 사람들로부터 듣는
'참 좋은 가정주부'라는 말로 인생의 위로를 삼고 살아갑니다.
"뭘 어떻게 했기에 벌써 집안을 다 치웠어?"
"어떻게 점심만 먹고 나면 빨래 정리가 다 돼?"
"현 씨 아주머니는 정말 부지런하고, 똑똑한 현모양처다!" 등등
현 씨는 이런 말을 듣는 것이 더할 나위 없는 위로가 되고
힘이 되고 용기가 됩니다.
자기는 정말 좋은 가정주부고 싶기 때문입니다.
배운 것은 없고, 부자도 아니고, 외모도 평범하기에
부지런하고, 계획성 있고, 가정을 잘 꾸려나간다는 말을 듣는 것이
현 씨의 유일한 자부심입니다.

그런 소리를 들으면 그냥 마음이 뿌듯하고 좋습니다.
살맛이 납니다.

그러나 남편과 아이들은 그렇지 않습니다.
새벽에 일찍 일어나는 아내와 엄마 때문에
저녁이면 온 가족이 다 조용히 지내야 하기 때문입니다.
밥만 먹으면 사람 사는 집 같지 않습니다.
저녁 먹은 것만 정리되면 8시도 못 되어 잠자리에 드시는
엄마 때문에 TV도 제대로 크게 틀어 보지 못하고,
가족끼리 소리 내어 웃지도 못합니다.
부부의 정감 있는 대화도 제대로 한 번 나눠보지 못하고,
밤참이나 간식을 만들어주는 엄마는 상상도 못합니다.
그저 빨리 먹으라고 다그치고, 자야하니 조용히 하라고 요구하고,
아침이면 빨리 일어나라고 눈치 주고, 떠들지 말고 얼른 먹고,
빨리 빨리 학교 가라고 재촉하는 엄마만 기억됩니다.

모든 일을 일찍감치 다 끝마쳤다는 사실이 자신을 부지런하고
똑똑하고 집안일을 잘 하는 사람으로 만든다고 생각하기에
현 씨는 다른 사람에게 피해를 주고 있다는 생각은 미처 못합니다.
오히려 왜 자기처럼 일찍 자고 일찍 일어나지 않느냐는 데에
모든 초점을 맞추기에 전혀 말이 통하지 않습니다.

가족들은 그런 엄마가 '좋은 가정주부'라고 인정할 수 없습니다.
그러나 그렇지 않다는 말은 더욱 할 수 없어
벙어리 냉가슴 앓듯 끙끙거리며 살아갑니다.

현 씨 아주머니는 '오전 9시 전에 이미 모든 집안일을 다 끝마치는 사람'이라는 말 때문에 자기의 행동을 고칠 수 없습니다. '현씨 아주머니는 참 좋은 가정주부'라는 칭찬 때문에 남편과 자녀들의 인상이 찌그러지고, 가족 관계가 점점 어려워져도 현 씨는 이를 알아차리지 못합니다. 아니, 알려고 하지 않습니다. 자기는 꼭 해야 할 일을, 꼭 해야 하는 시간에 한 것뿐이며, 이렇게 하는 것이 옳다고 철저히 믿을 뿐입니다.

가정은 집안 마스터의 이야기로 작동됩니다. 그 이야기는 많은 경험을 통해 얻은 단어의 집합체지만 결국 한 정신, 한 방향을 가리킵니다. 그 정신과 그 방향이 가정 시스템을 작동시키는 원동력입니다.

김 씨와 송 씨 부부, 그리고 현 씨와 이 씨 부부는 각자 주어진 시나리오에 의거해 자신의 역할을 충실히 연출하며 연기하고 있습니다. 도대체 그들 연기의 핵심이 무엇일까요? 무슨 유익이 있기에 서로에게 불편함을 주면서도 그 역할들을 감당하고 있을까요? 가정을 건강하게 만들지 못하는 행동임을 알면서도 왜 계속 부정적이고 파괴적인 행동을 고집할까요? 한 번 스스로에게 물어보십시오. 그리고 그 질문의 끈을 놓지 마시고, 계속해서 '가정의 눈'을 작동시켜 가정을 볼 수 있기를 바랍니다. 분명 실마리가 잡힐 것입니다.

가정을 이해하려면 사람을 이해해야 합니다

가정은 그 가정을 형성하는 가족 한 사람 한 사람을 이해할 때 이해될 수 있습니다. 가정은 사람들의 집합체입니다. 집안의 마스터들도 이야기를 가지고 있지만 나머지 구성원들도 이야기를 가지고 있습니다. 각 사람이 가지고 있는 이야기가 가정 마스터들의 이야기와 어떻게 엮여 전개되는지에 따라 가정의 스타일이 결정됩니다.

현 씨 아주머니의 가정이 그런 모양새를 띠는 것은 가정의 마스터인 현 씨 아주머니의 이야기가 그렇게 전개되도록 가족들이 협조하고 있기 때문입니다. 만약 남편이 아내의 눈치 보기를 거부하고, 오히려 그런 아내를 향해 화를 내고 욕을 하고 때리고 부수며 새벽에 절대 시끄럽지 않도록 조심하라고 윽박질렀다면 현 씨 가정은 전혀 다른 모양새를 띠었을 것입니다(이렇게 되면 집안의 마스터는 더 이상 현 씨 아주머니가 아닌 남편 이 씨입니다). 그러나 남편과 자녀들이 현 씨 아주머니의 이야기가 돈독해지도록 전적으로 돕고 있기에 현 씨 아주머니의 가정은 별 탈 없이 지속적으로 그렇게 작동될 것입니다.

가정은 그 가정을 구성하고 있는 사람들의 집합체입니다. 김 씨 가정을 이해하려면 그 가정을 구성하고 있는 가족들을 이해해야 하고, 오 씨 가정을 이해하려면 오 씨 가정을 구성하는 가족들 한 사람 한 사람을 이해해야 합니다. 가정을 이해한다는 것은 그 가정에 속한 사람들을 이해한다는 말과 동일합니다. 사람을 알면 가정을 알 수 있습니다.

사람을 이해하려면 말을 이해해야 합니다

　가정은 사람을 이해함으로 이해되고, 사람은 그 사람이 붙들고 사는 이야기를 앎으로 이해할 수 있습니다. 가정이 사람들의 집합체라면 사람은 말들의 집합체입니다. 그 말들이 독특한 이야기를 만들고, 그 이야기가 한 정신과 한 방향을 제시하여 가정 시스템을 작동시키기 때문입니다.

　사람은 말입니다. 사람이 어떤 말을 가지고 사느냐에 따라 그 가정과 생활이 결정됩니다. 사람은 말이기에 말로 관계를 맺고, 말로 생활을 하고, 말로 미래를 결정합니다. 어떤 말을 가지고 사느냐가 그 사람입니다. 사람은 그 사람이 붙들고 사는 말입니다.

고 씨는 장손 집안의 장남입니다.
아버지의 성품이 유하시고, 사람과 술을 너무 좋아하시는지라
이런 저런 사람들에게 속아 물려받은 재산을 몽땅 다 날려버렸습니다.
아버지는 그 마음을 달래느라 술로 세월을 보내셨습니다.
그러니 집안은 더욱 어려워졌고, 아내의 고생이 심했으며,
자식들은 학비를 못 내 제대로 학교도 못 다녔습니다.
반면 아버지의 유일한 동생이신 작은아버지는
집안으로부터 물려받은 재산은 별로 없었지만
악착같은 성격으로 열심히 일해 자수성가하셨습니다.
형네는 다음 끼니를 걱정하며 돈 꾸러 다니느라 정신이 없는데,

동생네는 방 세 칸짜리에서 네 칸짜리로 이사하느라 힘들어합니다.
형네는 콩나물 값이 백 원이나 올랐다고 괴로워하는데
동생네는 보약을 챙겨먹는 것이 얼마나 귀찮은 일인지를 떠벌립니다.
작은집 식구들은 큰집 사람들의 약을 올릴 수만 있다면
발 벗고 나서서 기꺼이 수고하는 사람들입니다.

그도 그럴 것이 그 많은 재산을 혼자 다 물려받아
동생인 자기에게는 몇 푼 주지도 않고
다 술 퍼먹고 남 좋은 일 시켰으니 당연하다는 것입니다.
형을 도와줄 수 없는 것은 자신들의
당연하고도 합당한 입장이라고 말합니다.
형이나 형수도 이에 대해선 할 말이 없는지라
도와달라는 말도 못하고 끙끙 앓고만 있습니다.

고 씨는 아버지와 작은아버지 사이의 갈등을 보며 자랐습니다.
팔이 안으로 굽는다고, 떵떵거리며 잘 사는 작은아버지가
형인 아버지를 우습게보며 끼니가 어려워도
도와줄 생각을 하지 않는 것이 무척 섭섭했습니다.
남도 아니고 형이 끼니를 이어가기가 어려운데도
과거만 되씹으며 베풀 줄 모르는 작은아버지가 사람 같지 않았습니다.
가난하다고 큰집을 우습게 아는 작은어머니와 사촌들도 같잖았습니다.

고 씨 또한 아버지처럼 다른 사람한테 손을 벌리면 벌렸지,
작은집에서는 절대 얻어먹지 않겠다고 다짐하며 자랐습니다.

고 씨는 겉으로 보기엔 참 얌전하고 예의 바르고 조용한 사람입니다.
그러나 조금 배웠다고 또는 조금 가졌다고
엉뚱한 힘을 행사하며 사람을 무시하는 것은 조금도 참지 못합니다.
다른 것은 다 참아 넘겨도 사람을 무시하는 것은 참을 수가 없습니다.
그래서 사람들은 고씨를 '지뢰'라고 불렀습니다.
"고지뢰!"
좋다가도 어느 순간에 어디를 어떻게 밟혔는지
터져 버리는 고 씨였기 때문에 친구들이 붙여준 별명입니다.
고 씨는 자기나 또 어느 누구라도 무시당하는 것을 참을 수 없습니다.

고 씨에겐 남동생이 하나 있습니다.
그 동생은 매우 현실적이고 이성적인 사람입니다.
아버지나 형 같지 않게 작은집을 잘 드나들며 관계도 맺고
필요한 것도 얻어내는 사람입니다.
그래서 고 씨는 동생을 쓸개도 없는 놈이라고 비아냥거립니다.
작은집과 친하고 그들에게 빌붙어 살아가는 동생이 못마땅합니다.
그러나 동생은 아버지와 형이 옳지 않다고 여깁니다.
잘못한 것이 있으면 서로 용서를 빌고 용서해 주고

서로 도우며 화목하게 사는 것이 좋은 일이라고 생각합니다.
작은집도 그럴 만한 충분한 이유가 있어서
아버지에게 그렇게 하는 것이라고 이유를 설명합니다.
그럴 때면 고 씨는 동생을 맹렬하게 비난합니다.

고 씨 동생은 아버지나 형이 안타깝고 못마땅합니다.
가진 것도 없으면서 가진 척하고, 배운 것도 없으면서 아는 척하고,
힘도 없으면서 거들먹거리는 아버지와 형이 꼴불견입니다.
현실 감각을 가지고, 상황을 파악하여,
감정으로 움직이는 것이 아니라 이성으로 생각하며
차근차근 순간들을 풀어 간다면
가정이 이렇게까지는 어렵지 않을 것이라고 확신합니다.

사람은 말입니다. 그 사람 속에서 꿈틀거리는 말이 그 사람을 움직입니다. 그 말로 사건을 해석하고, 상황을 이해하고, 사람과 관계를 맺습니다. 말이 그 사람의 현실입니다. 사람이 말을 만들지만 결국 그 말이 사람을 움직입니다. 사람은 그가 소유하고 사용하는 말입니다.

2. 모국어가 무엇입니까?

모국어는 태어나 어머니의 품속에서부터 듣고 자란 말을 의미합니다.
그러므로 모국어는 한 사람의 정체성을 나타냅니다.
모국어의 변화는 곧 그 사람의 변화를 의미합니다.

모국어가 다르면 사람이 다릅니다

사람은 그가 하는 말입니다. 그 사람의 과거도 말이요, 현재도 말이요, 미래도 말입니다. 사용되지 않는 말은 그 사람이 아닙니다. 어떤 말을 사용하느냐에 따라 어떤 사람이 될 것인가가 결정됩니다. 한 사람이 생활 속에서 항상 편안하게 사용하는 말, 어떤 예기치 못한 사건이 터졌을 때 즉시 사용하는 말, 자기를 잘 아는 가족끼리 있을 때 사용하는 말, 아무런 준비 없이 그냥 쏟아내는 평상 언어 등이 그 사람을 움직입니다. 그 말을 '모국어'라고 합니다.

'모국어'의 사전적 정의는 '어머니 나라의 말'입니다. 태어나 어머니의 품속에서부터 듣고 자란 말을 의미하지요. 너무 쉽고, 당연하고, 편안한 말입니다. 가정해부학적인 모국어의 의미도 이와 다르지 않습니다. '어머니 나라의 언어'라는 같은 의미를 갖지만 국적이나 나라같이 큰 범위에서 보다는 아기의 유일한 환경이었던 '어머니의 뱃속으로부터 얻어낸 언어'라는 의미가 짙습니다. 그런 의미에서 모국어는 한 개인의 '배내언어'요, '뿌리언어'입니다. 그 사람의 가장 깊은 언어요, 가장 친밀한 언어요, 가장 쉬운 언어입니다. 같은 한국말을 사용하는 부부라도 사용하는 모국어가 달라 사건을 이해하고 해석하는 방법이 다릅니다. 같은 한국말을 하면서도 서로 이해할 수가 없다고 말합니다. 왜 분명 '야'라고 말하고선 '어'라고 거짓말을 하냐고 분을 토하기도 합니다. 똑같은 사람을 만나고 돌아와서 서로 이야기를 나누는데도 아내가 만난 사람과 남편이 만난 사람이 다릅니다. 똑같은 사건인데 아내가 경험한 사건과 남편이 경험한 사건이 서로 다릅니다. 똑같은 물건을 봤는데 그 물건에 대해 생각하는 것이 다르고, 필요가 다르고, 느낌이 달라 서로 간에 차이가 나타납니다.

그런 일이 있을 때마다 서로가 서로에게 기가 막힙니다. "어쩜 이렇게 다를 수 있냐"고 서로를 향해 혀를 찹니다. 안 만날 사람들이 만났다며 괴로워합니다. 서로 사랑하지 않아서 차이가 나는 것이라고 한탄합니다. 이혼해야 한다고 결정하기도 합니다. 부부나 부모나 자식이 서로 이해하지 못하고 싸우고 괴로워하는 가장 큰 이유는 서로 사용하는 모국어가 달라서입니다. 모국어가 다르면 사람이 다릅니다. 우리 모두는 각자 고유의 모국어를 가지고 그 말로 자기를 표현하며 살아갑니다. 그래서 서로 다른 것입니다.

진 씨는 매우 세심한 사람입니다.
어릴 적부터 여러 가지 어려운 경험을 했기 때문입니다.
진 씨의 어머니는 진 씨를 임신했을 때
무척 당황하고 부담스러웠다고 합니다.
어린 나이에 얼떨결에 시집은 갔지만
아직 엄마가 될 마음의 준비가 되지 않은 상태였는지라
진 씨를 지워버릴 생각을 여러 번 했다고 합니다.
남편과 사이는 안 좋고 시부모님과의 관계는 최악이고….
진 씨는 그 어미에게 정말 없었으면 좋았을 뻔했던 존재였습니다.
또 진 씨가 7살 되던 해에 진 씨의 아버지가 중요한 서류에
사인 하나 잘못하는 바람에 하루아침에 망해버렸습니다.
그 일로 길바닥으로 내쫓긴 경험이 있는 진 씨는
매우 세심하고, 어떤 일에도 서두르는 일이 없는 사람이 되었습니다.

진 씨는 항상 차분하게 행동하고,
어떤 서류라도 사인하기 전에 읽고 또 읽습니다.
어떤 문제든지 충분한 시간을 가지고 연구한 후 대답합니다.
급한 결정도 항상 24시간의 여유를 달라고 하는 사람이고,
그렇지 못하는 경우엔 그 일 자체를 포기해 버립니다.
혹시 실수할 수 있을까 봐 조심하고,
혹시 잘못될 수 있을까 봐 또 점검합니다.

상상치도 못할 엄청난 비극을 빚는 것보다 낫다는 생각에
아는 길도 물어가고 징검다리는 꼭 두드려보고 건넙니다.

그의 세심한 성격은 매사에 반영됩니다.
한 가지 작은 실수로 인해 인생을 망치는 일은
절대 일어나지 않아야 한다는 신념으로 살아가는 사람이기에
진 씨는 매우 작은 일에도 매우 섬세한 법을 가지고 있습니다.
잠자고 일어나면 오른 발부터 땅에 딛어야 한다는 법,
화장실의 휴지는 반드시 앞쪽으로 풀려야 한다는 법 등등.
주위 사람들이 생각하기에는 별 중요하지도 않는 법들을
수도 없이 만들어 그 법에 치여 살아갑니다.

아내 오 씨는 남편 진 씨가 너무 불쌍하기도 하고 또 너무 이상합니다.
뭐 저런 사람이 다 있나 싶습니다.
눈 뜨면서부터 눈을 감기까지 하루 종일 무슨 법이 그렇게 많은지….
정말 보통 사람은 그 법들을 기억조차 제대로 할 수 없습니다.
조그마한 일 하나만 잘못되도 생난리를 치는 남편이 이해가 안 됩니다.
부자로 살지는 못했지만 어려운 것 없이 살았던 오 씨인지라
남편이 쩔쩔매고 안달하며 사는 것이 너무 체질에 맞지 않습니다.
너무 좀생이처럼 챙기고 아끼는 남편 꼴이 싫어서
오 씨는 더욱 덜렁대고 실수하고 잃어버리고 잊어버리며 살아갑니다.

남편이 말한 것처럼 작은 실수 하나로 집안이 망할 수도 있지만
그렇지 않을 수도 있다는 것을 증명하고 싶습니다.
실수를 해도 망하지 않는다는 사실을 남편에게 증명하고 싶습니다.

진 씨는 오늘도 아내 때문에 속이 무척 상합니다.
매사 덜렁대는 아내 때문에 너무 염려가 되고 걱정이 태산 같습니다.
그러나 아내는 지적하는 진 씨에게
오히려 핀잔을 주고 야단을 치며 엉뚱하게 속을 뒤집어 놓습니다.
진 씨는 망해보지 않아서 저런 말을 한다고밖엔 생각되지 않습니다.
정말 망할 수 있는데…,
하루아침에 길바닥에 버려지는 신세가 될 수 있는데 말입니다.

한 사람의 모국어는 그 사람의 핵심입니다

모국어는 하루아침에 배워지지 않습니다. 한 단어로 시작해 단어들의 집합체를 이루기까지는 수많은 시간을 요합니다. 더욱이 그 단어들이 모여 하나의 이야기를 형성할 때까지, 그 이야기를 통해 사람들에게 자기를 증명할 때까지는 엄청난 시간과 에너지를 투자해야 합니다. 그뿐입니까? 그 이야기로 주위 사람들을 움직이는 것은 피와 땀을 값으로 치르고 맞바꾼 결과입니다. 모국어는 결코 쉽게 얻어지는 것이 아닙

니다.

결혼하여 가정을 형성하고 그 가정을 작동시키기 위해 사용하는 모국어는 그 사람에게 피가 되고 살이 된 언어입니다. 말이 육신이 된 언어입니다. 절대 쉽게 고쳐지지 않고, 절대 쉽게 변화될 수 없는 신분적 언어입니다. 모국어는 한 사람의 정체성을 나타냅니다. 정체성적 언어는 그 사람이기에 절대 바뀌지 않습니다. 그래서 모국어의 변화는 곧 그 사람의 변화를 의미합니다.

모국어는 자기가 된 언어입니다. 그 사람에게 가장 편한 언어지요. 너무 편하기에 불편한 것을 싫어하는 언어입니다. 그래서 모국어가 강하면 강할수록 새 언어를 배운다는 것은 불가능해집니다. 사고 체계가 굳어진 사람일수록 다른 나라 언어를 배운다는 것이 어려운 것처럼 모국어로 삶의 체계가 굳어진 사람은 다른 사람의 언어를 배우는 것이 불가능합니다. 도통 배우려하지 않습니다. 오히려 자기 것을 어떻게 하면 더 잘 보존할 수 있을까 하는 문제로 급급합니다. 마치 자기 나라 말만 하는 사람을 애국자인 것처럼 착각하듯이 자기와 같은 모국어를 구사하지 않으면 자기를 사랑하지 않는다고 생각합니다. 안타깝게도 자기와 동일한 모국어를 사용하는 사람은 자기 외에는 없다는 사실을 모릅니다. 오히려 상대방이 자신의 모국어를 사용하지 않아 대화가 안 된다고 가슴을 칩니다. 상대방에게 자기의 모국어를 강요하며, 상대방의 모국어를 포기할 것을 요구합니다. 잘 아시겠지만 이는 절대 이루어질 수 없는 협상입니다.

소 씨는 무엇보다도 배워야 한다고 생각하는 사람입니다.

자기가 못 배웠고,

부모의 가방 줄도 짧아 가난을 극복하지 못했다고 믿는 사람입니다.

잘 사는 친구들의 공통점은 그들의 부모들이 다 배운 분들이고,

그 친구들도 공부를 잘 한다는 것입니다.

그래서 소씨는 교육의 중요성을 뼈저리게 느낀 사람입니다.

다른 것은 몰라도 사람은 배워야 제 몫을 할 수 있다고

자식들에게 누누이 말하고 또 기회가 될 때마다 강조합니다.

소 씨의 모국어는 한마디로 "배워야 잘 산다" 입니다.

이것이 소 씨의 존재적 핵심 언어입니다.

이것이 소 씨의 신분 언어입니다.

어떤 사건이든 어떤 상황이든

소 씨는 배워야 성공한다, 배워야 잘 산다,

배워야 이길 수 있다는 말로 풀어갑니다.

누군가가 망했다고 하면 배운 것이 없어서 그랬다고 말합니다.

모르면 물어보면서 해야 하는데

제대로 알지도 못하는 사람이 배우지도 않으니

망할 수밖에 없었다고 말합니다.

이는 너무 당연한 이치가 아니냐며 자신의 모국어를 확인합니다.

또 누군가가 성공하면 그렇게 애써 배우더니

그 결과로 얼마나 잘 됐냐고 말합니다.
배우지도 않았는데 잘 되면 운이 좋아서 그렇게 됐지만
오래 못 간다고 말합니다.
잘 살려면 배워야 한다는 것은 너무나 당연한 삶의 이치요, 공식입니다.
손자 볼 나이가 됐어도
소 씨는 배우기를 게을리 하지 않습니다.
자식 중에 혹 배우는 것을 게을리 하는 자식이 있으면
소 씨는 서슴없이 "넌 내 자식이 아니다"라고 말합니다.
소 씨는 그를 자식 취급하지 않는 것에 대해
조금의 거리낌도 없습니다.
무식한 자식은 악의 소산이라나….

"배우면 잘 산다"가 소씨의 모국어입니다. 그는 그 말 외에 다른 말은 배우려하지 않습니다. 지금도 소 씨는 쉬지 않고 많은 것을 배우고 있지만 자기 모국어에 해당된 것만 배웁니다. 어떤 일을 배워도 "배우면 잘 산다"는 틀 안에서 소화합니다. 그러니 배울수록 모국어만 강화됩니다. 결국 모국어 외의 다른 말은 전혀 배우지 않는 사람이 되는 것입니다. 많이 배운 사람들 중에도 성공하지 못한 예가 얼마나 많습니까? 그러나 소 씨는 그런 예들을 받아들이지 않습니다. 이해할 수 없다고 일관해 버립니다. 무언가 잘못 배워서 그런 것이라고 말합니다.

무식해진다는 것은 다른 것이 아닙니다. 자기의 모국어밖에 구사할 줄 모를 때 그 사람은 자동적으로 무식한 사람이 되는 것입니다. 이기주의자가 달리 되는 것이 아닙니다. 자기가 사용하는 모국어 외에는 말할 줄도 모르고, 들을 줄도 모르면 자동적으로 이기주의자가 되는 것입니다. 정신병자가 달리 되는 것이 아닙니다. 자기의 모국어는 다른 사람들이 못 알아듣고, 자신은 다른 사람들의 말을 못 알아들을 때 그 사람은 정신병자가 되는 것입니다. 모국어는 신분의 언어입니다. 서로 간에 건강한 관계를 형성하기 위해 서로의 신분의 언어를 배우는 것은 필수 조건입니다. 그래야 말이 통하고 건강한 관계가 형성되는 것입니다.

한 씨는 감성이 풍부하고, 언어가 풍부한 사람입니다.
개나리꽃이 피는 봄이면 출근길에 있는 개나리를 바라보며
넋을 잃고 시간을 놓치는 일이 빈번할 정도입니다.
나무를 보고 시를 읊고, 생각나는 친구에게 사랑의 편지를 쓰고,
아내에게 "당신은 아직도 피어오르는 신선한 장미"라는
메모와 함께 빨간 장미 한 송이를 선사하며,
집에서 된장찌개를 먹더라도
촛불을 켜고 먹기를 원하는 로맨틱한 사람입니다.

한 씨에겐 감성적이고 여유로운 생활이 너무 중요합니다.
부모님이 예술가였고, 예술가의 집안에서 태어난 자식인 만큼
그에 버금가는 예술적인 삶을 살아야 한다고 그는 항상 믿어 왔습니다.

부모처럼 예술적 자질이 풍족하지 못하여
예술가로 성공하진 못했지만 말입니다.
비록 사무실에 앉아 지겨운 서류만 처리하고 있지만 말입니다.
자신도 여느 예술가 못지않게 감성이 풍부하다는 것만은
증명하려고 애쓰며 살아갑니다.

"여보, 우리 성재 말예요. 감성은 참 풍부한데 창조력이 부족해서
예술가로는 성공하지 못하겠어요!"
어릴 적 엄마가 아빠한테 하는 말을 그가 엿듣게 되었습니다.
그는 정말 앞이 캄캄해지는 것을 느꼈고,
그 사실을 믿고 싶지 않았습니다.
그때부터 한 씨는 자기가 부모님 못지않게
성공한 예술가가 될 수 있음을 증명하기 위해
이를 악물고 노력했고, 잠을 안 자며 최선을 다했습니다.
그러나 그때마다 가슴 속 깊은 곳에서부터 들리는 말이
한 씨를 잡아 끌어내렸습니다.
"창조력이 부족해 예술가론 성공치 못할 거예요!"

오늘도 한 씨는 강을 찾아가 시를 읊습니다.
가기 싫다는 아내와 자녀들을 끌고 강변에 앉아
아무도 들어주지 않는 시를 읊습니다. 그리곤 물어봅니다.

"여보, 어때? 이런 시 들어본 적 있어? 없지?
내가 지은 거야. 내가 지금 막 지어낸 새 것이라고!
너무 멋있지 않아? 나도 예술가가 돼야 했는데….
충분한 자질이 있는데….
나도 진작 시인으로 나갔으면 벌써 성공했을 텐데….
안 그래, 여보?"

한 씨의 모국어는 "부모가 잘못 판단했어. 나도 부모님처럼 훌륭한 예술가가 될 수 있었어! 나도 예술가라고. 그렇지? 맞지?"입니다. 그는 밥을 먹어도 잠을 자도 그 언어를 구사합니다. 인정받으려고 몸부림을 칩니다. 그 모국어 때문에 다른 많은 언어를 배우지 못합니다. 세상에는 정말 많은 다른 언어들이 있는데….

한 모국어에 집착해 그 언어만 구사하면 다른 언어를 배우는 것이 불가능합니다. 뼈에 사무치고 피 속에 흐르며, 살이 되고 피부가 된 언어로서 변화가 불가능합니다. 시간이 흐를수록 그 모국어는 더욱 강화되어 그 사람 자체가 되어 버립니다. 모국어는 신분의 언어입니다. 모국어가 그 사람입니다.

사람은 자기의 모국어로 모든 것을 해석합니다

어떤 여자가 빨간 투피스를 입고 예배당 안으로 들어왔습니다. 무릎이 보이는 짧은 치마에 빨간 구두, 큼직하고 빨간 귀고리, 입술에 두텁게 자리 잡은 빨간 립스틱은 뭇 사람들의 시선을 끌기에 조금도 부족하지 않았습니다. 어떤 여잘까? 뭐 하는 여잘까? 모두들 궁금했습니다.

당신은 그 여자가 어떤 여자일 것이라고 생각합니까? 뭐 하는 여자라고 생각됩니까? 다른 것은 몰라도 그 여자를 보는 순간 당신의 모국어는 작동되었습니다. 모국어가 작동되면 사람들은 자연적으로 해석하게 됩니다. 술집 여잔가? 천박스러운가? 화려한가? 튀기를 원하나? ….

어떤 말을 사용하여 해석했는지는 몰라도 사람들은 자신에게 닥친 상황을 필히 해석합니다. "아니오, 난 해석하지 않았어요. 난 그 여자에게 관심 없어요!"라고 답하는 사람이 있다 해도 그것 자체가 모국어적 해석일 뿐입니다. "난 바쁜 사람이다. 쓸데없는 곳에 신경 쓸 겨를이 없다. 빨간색을 입었든지 파란 색을 입었든지 나와 무슨 상관이냐? 그게 밥 먹여 주냐?" 이 또한 모국어적 해석일 뿐이기 때문입니다. 사람은 누구나 자기의 모국어로 해석하며 살아갑니다. 그렇지 않으면 막말로 사람이 아닙니다.

사람은 자기가 가지고 있는 모국어로 보는 사물, 만나는 사람, 처한 상황, 일어난 사건, 속한 환경을 해석하며 살아갑니다. 김 씨가 해석하면 김 씨의 모국어로 색깔을 낼 것이고, 이 씨가 해석하면 이 씨의 모국어로 냄새를 풍길 것입니다. 누가 맞느냐고 묻지 마십시오. 모국어는 절대 틀릴 수 없는 언어입니다. 모국어는 피가 되고 살이 된 언어라서 '틀렸다'고 지적하는 순간 서로 원수가 되고, 전쟁이 벌어지는 언어입니다. 해석을 어떻게 했든지, 해석한 자신에겐 그 해석이 절대적으로 맞기에 싸움이 벌어지면 절대 질 수 없습니다. 지게 되면 자신의 정체성과 직접적으로 연관이 있기 때문입니다.

유 씨는 길 가다가 만난 친구 김 씨에게
요즘 어떻게 지내냐고 물었습니다.
한동안 보이지 않아 궁금했다며 반갑게 인사를 나누었습니다.
그 순간 김 씨는 눈이 휘둥그레지며
"왜 누가 뭐라 하든가?"하며 놀라는 반응을 보이는 것이었습니다.
당황한 유 씨는 얼떨결에 그 순간을 얼버무리며 지나갔습니다.
"이 친구 놀라기는, 뭐라고 하기는 누가 뭐라고 하나?
그냥 반가워서 안부를 물은 것뿐인데!"
정말 아무 의미 없이 안부를 묻기 위해 던졌던 말인데,
친구가 보인 의외의 반응 때문에 유 씨도 얼굴의
어색함과 놀람을 감추지 못했습니다.

"자네도 알잖아, 이번 사건. 그 자식이 먼저 날 속인 거야.
난 정말 아무 것도 모르고 시작했어.
사람들은 날보고 나쁜 놈이라고 하는데, 사실은 그게 아냐.
알고 보면 나도 피해자라고. 난 정말 억울해.
일이 이렇게 꼬일 줄은 몰랐어. 자네는 내 친구니 날 믿어주겠지?
하기야 믿었으니 내게 말을 걸었지!

자네야말로 진짜 친굴세. 진짜 친구라고!"

유 씨는 안부를 묻다가 느닷없이 닥친 상황이라
무슨 영문인지도 모르고 무척 당황스러웠습니다.
그러나 가만히 들어보니 이 친구가 분명 뭔가
나쁜 짓을 한 것임에 틀림없습니다.
안 그러면 이렇게 자기에게 달라붙을 일이 없습니다.
분명 뭔가 꿀리는 것이 있음에 틀림없습니다.
유 씨는 이 친구에게 '진짜 친구' 여서는 안 될 것 같은 느낌이 들어
다음과 같은 말로 마무리를 지었습니다.
"에이, 진짜 친구는 무슨? 아내도 못 믿는 세상에 누굴 믿겠나?
누구도 믿지 말게.
여하튼 만나서 반갑네. 난 이만 바빠서 가봐야겠네.
그럼, 언제 또 보세!"

유 씨는 친구 김 씨를 두고 돌아서면서 주위를 살펴보았습니다.
"혹시 누가 본 사람은 없을까? 어휴, 아침부터 재수 없게 이게 뭐야.
그 많은 사람 중에 하필 그 친구를 만날게 뭐람?
내 문제도 주체가 안 되서 힘들어 죽겠는데,
남의 문제까지 걱정해야 할 일이 있느냐고.
뭐야, 좋은 일이 있게 해 달라고 새벽예배도 다녀왔는데,

말짱 헛것 아냐?

아침 초장부터 이런 일이 생기다니…. 에이, 재수 없어!"

사람이라면 한 순간도 해석하는 작업을 쉴 수 없습니다. 사람마다 자기 말로 세상을 해석해 자기 세계를 구축합니다. 다른 사람의 말로는 절대 해석할 수 없습니다. 다른 사람의 말로 나의 세계를 구축할 수 없기 때문입니다. 자기가 존재하려면 자기 말로 세상을 해석해야 합니다. 그 말이 부족하고 엉뚱하고 모자라고 상스럽고 파괴적이어도 자기 말로 세상 해석하기를 포기하지 않습니다. 사람은 자기 존재를 자기 말로 인식하고 주위의 세계를 자기 말로 해석함으로 자기의 존재를 확인하며 살기 때문입니다.

사람은 말입니다. 한 사람이 관계 속에서 자연스럽게 사용하는 말이 모국어입니다. 사람은 자기의 모국어로만 해석합니다. 모국어가 자기의 기준이기에 그 기준으로 모든 것을 해석합니다. 그 사람이 사용하는 모국어가 그 사람의 기준입니다. 모국어가 그 사람의 생활 교과서입니다. 한 사람의 생활은 모국어의 수준으로 풀려갑니다.

하나님의 말씀도 사람의 모국어 때문에 방해를 받습니다. 모국어가 너무 강하게 작동하고 있어 하나님의 말씀으로 세상을 해석하는 것을 막기 때문입니다. 사람에게 모국어는 익숙한 언어고, 하나님의 말씀은 익숙하지 않은 언어입니다. 그래서 사건이 터지면 자동적으로 모국어가 득세합니다. 하나님의 말씀을 써보기도 전에 사람의 모국어가 판세를 잡습니다.

하나님이 주시는 생명의 풍성함을 맛볼 수 없습니다. 예수를 믿고 구원은 받았지만, 생활 속에서 작동되고 사용되는 언어가 모국어이기에 성도지만 참 성도의 값을 내지 못하는 것입니다.

예수님이 "일곱 번뿐 아니라 일흔 번씩 일곱 번이라도 용서할찌니라"(마 18:22)고 하시면 순종하면 됩니다. 그러나 사람은 그 말씀을 들으면서 자동적으로 '삼 세 번'이라고 자기의 모국어로 해석합니다. 490번을 용서하거나 끝까지 용서하라는 말씀으로 해석해 살지 않고, 자기의 모국어로 세 번까지는 용서하겠노라고 말합니다. 삼세번이라도 용서하면 양호한 것이지요. 대부분의 경우 한 번의 용서도 어렵지 않습니까? "악한 자를 대적지 말라 누구든지 네 오른편 뺨을 치거든 왼편도 돌려대며"(마 5:39)라고 예수님은 말씀하셨지만, 정말 뺨을 맞았을 때 순전한 마음으로 더 때리라고 왼뺨도 들이대는 사람이 어디 있겠습니까? 억울한 마음에 씩씩거리며 "왜 때려"라는 소리가 절로 나오지 않겠습니까?

"너를 송사하여 속옷을 가지고자 하는 자에게 겉옷까지도 가지게 하며 또 누구든지 너로 억지로 오 리를 가게 하거든 그 사람과 십 리를 동행하고 네게 구하는 자에게 주며 네게 꾸고자 하는 자에게 거절하지 말라"(마 5: 40-42). 너무 귀하고 참으로 복된 말씀이지만 일이 닥쳤을 때 누가 이렇게 풀어갑니까? 하나님의 말씀은 너무 잘 알지만 대부분의 경우 자기의 모국어로 사건을 풀어갑니다. 힘이 없어 겉옷까지도 줘야 하는 경우가 생기는 것이고, 억지로 십리를 동행해주곤 평생 상처로 남아 씹고 또 곱씹는 사람이 되고, 꿔준 돈 못 받으면 원수가 되어 살아가지 않습니까? 탕감은 성경에 써 있는 하나님의 말씀일 뿐 사람의 마음판에 써 있는 모국어가 아니며, 사건이 터졌을 때 자동적으로 사람을 움직이는 말이 아닙니다.

건강한 모국어는 건강한 해석을 낳습니다

모국어는 사람을 움직이는 말입니다. 모국어가 낳는 해석은 행동을 예견하지요. 해석은 그 사람의 다음 행동을 조정하기 때문입니다. 해석은 필히 행동을 낳습니다. 해석은 곧 생활 행동이요, 한 사람의 해석이 곧 생활 그 자체가 됩니다.

최 씨 어머니는 조용하신 분입니다.
말도 조용조용히 하고, 몸짓도 차분하십니다.
어떤 일이 벌어져도 성급하지 않고, 매사 단정함을 잃지 않으십니다.
항상 '차렷' 자세로 사시는 분이고,
혹 누가 말실수라도 하면 그 자리에서
"실례합니다"라는 말을 끝으로 단번에 일어서십니다.
당연히 그 사람과 다시는 함께 자리를 하지 않습니다.
최 씨는 그런 어머니가 부담스러웠습니다.
그 어머니에게 인정받고 싶어 항상 어머니 눈치를 살피며 살았습니다.
어머니의 눈 밖에 나면 안 된다는 강박관념으로 삽니다.

때론 정말 부담되고, 정말 불편하고, 정말 싫지만
어머니의 인정을 받아야 한다는 생각을 떨치질 못합니다.
어머니는 많이 배우신 분이고, 고상하고, 존경받는 분이며,
아버지까지도 쉽게 다가가실 수 없는 분임을
어릴 때부터 보고 듣고 느껴 알고 있습니다.
최 씨에게 어머니는 하나님과 같은 분이라 그분께 인정받지 못한다면,
인생을 살아갈 아무런 의미가 없다고까지 생각하고 있습니다.

최 씨 어머니는 별로 말이 없으십니다.
아들이 상을 받아와도 상장 한 번, 아들 얼굴 한 번 쳐다보고,
야릇한 미소 한 번 지어주는 것이 다였습니다.
잘못한 일이 있어도 절대 언성을 높여 야단을 치는 적이 없습니다.
대신 경멸하는 눈으로 빤히 한 번 쳐다보고 일어나 가버리십니다.
그렇게 한 번 일어나시면 상상이 안 될 정도로 그 관계가 단절됩니다.
그래서 최 씨는 늘 어머니의 눈치를 보고, 늘 비위를 맞추려고 애씁니다.

최 씨는 어머니의 입에서
"내 사랑하는 아들, 엄마를 참 기쁘게 해주는 아들,
언제나 엄마의 기준에 달하려고 노력하는 아들,
엄마가 인정하는 아들, 참 똑똑한 아들"과 같은 말을
들어보는 것이 소원입니다.

그러나 말을 아끼는 어머니의 입에선 그런 말이 절대 나오지 않습니다.
그러나 최 씨 마음에 천둥소리처럼 매 순간 들리는 소리가 있습니다.
"넌 내 마음에 안 들어. 어쩜 하는 짓마다 그 모양이니?
너 바보 아니니? 도대체 제대로 할 줄 아는 것이 뭐가 있니?
어휴, 맘에 안 들어! 어휴, 정말 맘에 안 들어!"

최 씨는 오늘도 약을 먹습니다.
매번 어머니 눈짓의 의미를 잘 알 수 없어 신경을 너무 많이 씁니다.
그래서 항상 골이 빠개져 나가듯 아프기 때문입니다.
그러나 머리가 아프다는 말을 할 수 없습니다.
어머니가 아시면 '변변치 못한 인간', '머리 나쁜 인간' 이라는
그 경멸의 눈짓을 보낼 것이 뻔하기 때문입니다.
다른 사람들에게도 그렇게 눈짓하시는 것을 최 씨는 보았습니다.

최 씨는 어머니의 눈짓이 가장 두렵습니다.
마치 '너는 너무 연약해. 내 기준에 못 미쳐!
널 인정할 수 없어! 내 맘에 안 들어!' 라고
말하는 것 같기 때문입니다. 그 눈짓이 너무 두렵고 무섭습니다.
그래서 최 씨는 오늘도 약을 먹습니다.

한 사람이 세상을 풀어 가는 방법은 그 사람의 해석에 달렸습니다. 해

석은 그 사람의 다음 행동을 선택하게 합니다. 해석이 행동을 낳습니다. 해석이 생활 스타일을 결정합니다. 건강한 해석은 건강한 생활을 낳고, 병적 해석은 병적 생활을 낳습니다.

건강한 모국어는 건강한 해석을 하게 합니다. 건강한 해석은 건강한 행동을 선택하게 하지요. 건강한 해석은 건강한 생활을 생산합니다. 그 결과로 건강한 생활은 이웃에게 건강을 전염시키지요. 그래서 건강한 사람의 주위에는 건강한 사람들이 있는 것입니다. 그 반대의 결과도 당연한 것이지요.

이번 기회에 당신의 주위를 한번 돌아보십시오. 당신 주위에 있는 사람들이 건강합니까? 아니면 상처를 받으며 아픈 사람들이 많습니까? 당신의 모국어를 한 번 점검해 보시지 않겠습니까? 당신의 생활이 이에서 결정되기 때문입니다.

3. 말은 권세를 가졌습니다

네가 땅에서 무엇이든지 매면 하늘에서도 매일 것이요.
네가 땅에서 무엇이든지 풀면 하늘에서도 풀리리라.

말이 가정의 한계입니다

말이 사람의 한계입니다. 말이 그 사람의 국경이지요. 사람마다 자기가 구사하는 말까지만 나아갈 수 있습니다. "이혼은 절대로 안 돼"라고 말하면 절대 이혼하지 않습니다. 그러나 "꼭 이혼하고 말 거야!"하면 무슨 수를 써서라도 이혼하고 맙니다. 말이 경계를 짓습니다. 말이 국경입니다. 말이 한계입니다.

사람은 말로 자기 스스로에게 한계를 제시합니다. 안타까운 것은 자기가 내뱉은 말을 스스로 뛰어넘지 못해 생활이 구차해지고 인생이 어려워지는 경우가 허다하다는 사실입니다. 내뱉은 말 때문에 쳇바퀴 도는 삶을 살게 됩니다. 자기가 내뱉은 말에 평생 묶여 말의 노예로 사는 사람도 많습니다. 자기의 말, 즉 모국어를 초월하지 못하면 생활의 다양한 가능성을 경험할 수 없습니다. 그러면 생활의 한계가 정확하게 되고, 새로운 삶을 위한 틈이 열리기보다 틀에 박힌 삶을 살게 됩니다.

"난 밀가루만 먹으면 소화가 안 돼"라고 말했다고 합시다. 순간 그 말이 그 사람의 한계를 정합니다. 재미있는 일은 국수를 먹고 소화가 잘 된 날이 있어도 전에 한 말 때문에 그 사실을 인정할 수 없게 됩니다. 오히려 "어제 저녁에 국수를 먹었는데, 밤새 부대껴 혼났어. 난 확실히 밀가루가 몸에 안 받는 사람이야"라고 말하게 됩니다. 자기가 해 놓은 말 때문에 현실을 그렇게 만들어 갑니다. 그렇지 않을 수 있는 가능성이 많이 있음에도 불구하고 말이 그 가능성들을 제거해 버립니다.

사람이 말이고, 그 말이 가정의 직접적인 한계가 됩니다. 가정은 가족들이 사용하는 말만큼 움직이고, 그 말만큼의 크기를 갖습니다. 가족들이 사용하는 말만큼 작동되고, 가족이 사용하는 말만큼만 변화합니다. 가족이 사용하는 말만큼 새로워지고, 가족이 사용하는 말만큼만 확장됩니다. 말이 굳어있으면 가정도 굳고, 말이 생동적이면 가정도 생동감 있게 움직입니다.

15살 난 아들이 사춘기에 접어들었는지
매사 까다롭게 굴고 퉁명스럽고 불만이 가득한 얼굴을 하며,
인상을 찌푸리고 조그마한 일에도 언성을 높이며,
공손하지 못하고 매사 대꾸하고 야단을 치면 어른을 빤히 쳐다보는 등

남 씨의 마음을 무척 불편하게 했습니다.
한 번 걸리면 혼을 내주겠다고 다짐을 하고 있는데,
어제 저녁에 사건이 터져 버렸습니다.

밤늦게까지 TV를 보고 있는 아들에게
엄마가 TV 끄고 그만 들어가 자라고 말했습니다.
그랬더니 아들 녀석이
"이것 끝나면 들어갈게요."라고 답을 하는 것이 아니겠습니까?
엄마가 "벌써 11시다. 빨리 들어가 자라!"고
두 번이나 말했으면 군소리 말고 들어가 자야 할 것을
"내일 학교도 안 가는데… 이것 끝날 때까지 보고 잘래요.
얼마 안 남았어요. 한 15분만 더 보면 돼요"라고
말대꾸를 하는 것이었습니다.

방 안에서 아내와 아들이 주고받는 대화를 듣다가
괜히 남 씨의 마음이 상했습니다.
"저 자식이… 엄마한테 꼬박꼬박 말대꾸를 해?
저 버릇 고쳐야지 안 되겠는데?"
이렇게 생각이 스쳐가고 있는데, 아내도 맘이 상했는지
언성까지 조금 높여 아들에게 명령조로 말했습니다.
"학교를 가고 안 가고가 문제가 아니야.

잠자는 시간은 지켜야 할 것 아니니?
내일 학교에 안 가도 제 시간에 일어나 이런 저런 일도 하고
아침 공부도 해야 할 것 아니니?
다른 애들은 시간만 나면 공부하느라고 난린데,
너는 어떻게 시간만 나면 TV 보느라 정신이 없니?
어서 그 TV 끄지 못해!"

이렇게 사건이 커지자,
아들이 "에이 씨!" 하면서 자리에서 벌떡 일어나더니,
TV를 끄고 손에 있던 리모콘을 소파에 집어던지며,
문을 쾅 하고 닫고 제 방으로 들어가 버리는 것이었습니다.
그때 남 씨의 화가 폭발했습니다.
방문을 박차고 뛰어나가 닫힌 문을 향해 소리를 질렀습니다.
"너, 이 자식, 지금 뭐 하는 짓이야? 어디서 배운 버르장머리야?
너 지금 누구한데 '에이 씨'라고 했어? 어디서 물건을 집어 던져?
너, 당장 이리 나오지 못해?
공부도 못하는 놈이 성질까지 더러워 가지고… 어디다 성질을 부려?
시험지에 답도 제대로 못 쓰는 놈이,
어디서 엄마한텐 꼬박꼬박 말대꾸야?
하라는 공부도 못하면서 밤늦게까지 TV는 무슨 낯짝으로 보냐?
시청료나 전기 값이나, 어디 네가 한 푼 보태기를 하냐?

어디서 리모콘을 집어 던져? 그걸 네 놈이 샀냐? 네가 돈 주고 샀어?
야, 이 멍청한 놈아, 이 바보 같은 놈아, 이 못된 놈아!"

앞뒤 가리지도 못하고 튀어나오는 대로
욕 반 야단 반 섞으며 정신없이 아들에게 퍼부었습니다.
하도 아버지가 난리를 치니, 일이 더 커지지 않게 하려고
닫혔던 문을 빠끔히 열고 얼굴을 내민 아들놈이
고개도 떨어뜨리지 않은 채 난리를 치는 아빠를 빤히 쳐다보았습니다.
쉬지 않고, 했던 말 또 하며 야단을 치는 아빠에게
더 이상 못 참겠다는 식으로 한숨을 푹 쉬더니 입을 열었습니다.
"하고 싶은 말 다 하셨어요? 이제 됐어요? 속이 후련하세요?
11시 15분이 지났거든요. 일찍 자라면서요?
내일 학교 안 가도 일찍 일어나 공부해야 된다면서요?
참, 그건 그렇고. 아빠 성질에 비하면 제 성질은
양호하다는 사실을 기억해 주세요.
그럼, 주무세요. 나 잡니다!"

남 씨는 아들의 버릇을 고치려다가
된통 뒤통수를 얻어맞은 격이 되었습니다.
뭔가 말을 더 해야 한다는 생각은 드는데,
어떻게 해야 할지 몰랐습니다.

아이를 불러 야단을 쳐야한다는 생각은 드는데
또 어떻게 아이를 불러내야 할지 몰랐습니다.
생각하면 분이 나고 아직 해결이 되지 않은 상태인데,
다음 행동을 위해 다른 생각이 떠오르지 않았습니다.
그렇다고 문을 부수고 들어가 멱살을 잡고
뺨을 후려갈길 수도 없는 노릇입니다.
분이 풀리지 않아 생각만 해도 얼굴이 달아오르고
가슴이 답답해 미치기 일보 직전입니다.
아들 녀석을 붙잡아 놓고 다시 한바탕 퍼부어야 풀릴 것 같은
마음이지만, 또 당하면 어쩌나 싶어 걱정이 앞섭니다.
그래서 단단히 마음을 다지며,
다음번에 걸리면 정말 혼이 나갈 정도로 무섭게 야단을 쳐서
아들 녀석의 버르장머리를 딱 부러지게 고치겠다고 다짐해 봅니다.
"이 녀석! 내 이번만은 그냥 넘어가지만
다음번엔 절대 그냥 넘어가지 않는다. 두고 봐라!"

말이 한계입니다. 말이 관계의 한계를 정합니다. 다른 말을 사용하면 쉽게 풀릴 사건도 말을 잘못 설정하면 일이 제대로 풀리지 않습니다. 더구나 자기의 모국어만 지속적으로 구사하면 자연히 해결되지 못하는 사건들이 많아집니다. 세상 일이 어찌 자기의 모국어로 척척 풀리겠습니까? 자기의 모국어로 자기도 못 푸는데 말입니다. 자기가 사용하는 모국어가

그 사람의 한계입니다. 더 나아갈 수 없습니다.

"난 아무 가방이나 들고 다닐 수 없어. 내가 그래도 사장 부인인데. 난 적어도 300만 원 이상 되는 유명 브랜드 가방 정도는 들고 다녀야 해. 그래야 내 품격에 맞지"라고 말하면, 그렇게 해야만 품격에 맞는 것입니다. 200만 원짜리도 자기 품격을 낮추는 것이 되어 절대 그런 싸구려 가방은 들고 다닐 수가 없게 됩니다. 말이 한계를 결정합니다. 말이 그 사람의 한계입니다. 말이 그 가정의 한계입니다.

그렇습니다. 말이 가정의 한계입니다. 말이 옛 말이면 가정도 옛 가정이고, 말이 새 말이면 가정도 새 가정입니다. 말이 가정의 한계입니다. 말을 바꾸지 않으면 한계가 바뀌지 않습니다. 잘 될 것이라고 해야 잘 되고, 잘 되지 않을 것이라고 하면 잘 안 됩니다. "이 놈의 세상, 더러운 세상"이라고

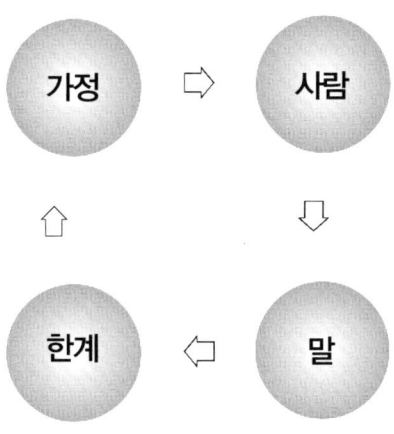

도표 1. 말이 가정의 한계입니다

하면 더러운 세상에서 살게 될 것이고, "참 좋은 세상이다"라고 감탄하면 좋은 세상에서 살게 됩니다. "TV 보는 것이 참 즐겁다"고 하면 즐겁게 TV를 보며 살 것이고, "TV는 바보상자다. 보면 볼수록 바보가 된다"고 하면 TV를 볼 때마다 바보가 되어 가는 자신의 모습 때문에 괴로워하며 살 것입니다. TV는 봐야겠고, 바보가 되는 것은 싫고…. 인생이 고생이 됩니다.

말이 한계입니다. 내면의 말은 정말 잘 설정해야 합니다. 그저 하고 싶은 대로, 또는 들었던 대로 생각 없이 내뱉으면 안 됩니다. 말이 경계선을 긋고, 그 누구도 그 어떤 일도 그 선을 넘어가지 못하게 합니다. 당신의 말이 당신의 인생의 한계를 정확하게 금 그어 줍니다. 그리고 그 말의 한도 내에서 살아가도록 철저히 당신을 지켜줄 것입니다. 쇄국정책이 따로 필요 없습니다.

말은 일합니다

세상은 말로 시작되었습니다. 하나님이 그의 말씀으로 이 세상을 창조했다고 하셨습니다. 세상은 말로 창조되었고, 말로 작동합니다. 세상은 말의 결과입니다. 세상은 말입니다.

말은 능력이 있습니다. 빛이라는 말이 빛을 만들었습니다. 말이 현실을 빚어냅니다. 땅이라는 말이 땅을 만들었습니다. 채소라는 말이 채소를 만들었고, 두 광명이라는 말이 해와 달을 만들었으며, 물들은 생물로 번성케 하라는 말이 온갖 어류를 번성케 했습니다. 말은 능력입니다. 말은 현실을 빚습니다.

말은 도구로 일합니다. 말은 내뱉은 주인을 위해 성실히 일하며 섬깁니다. 그 말이 창조적인 말이든, 파괴적인 말이든, 긍정적이든 부정적이든 상관없습니다. 말은 그 주인을 섬길 뿐입니다. 말은 창조도 하고, 현실도 빚어내고, 관계도 형성하고, 결과도 맺습니다. 말은 모든 것의 시작이며, 모두가 지나가야 하는 과정이고 또 모두가 대면해야 하는 끝이기도 합니다. 마태복음 12장 36-37절을 보면 이런 말씀이 나옵니다.

> 사람이 무슨 무익한 말을 하든지
> 심판 날에 이에 대하여 심문을 받으리니
> 네 말로 의롭다함을 받고 네 말로 정죄함을 받으리라

사람의 시작이 말이라면 사람의 마지막도 말입니다. 말로 인생, 말로 결론을 맺습니다. 말은 그 주인의 인생 마지막 순간까지 그를 위해 성실히 일합니다. 말로 작동되는 세상에서 사람은 자기의 모국어로 세상을 정리해 나갑니다. 말 많은 세상 속에서 모국어로 자기 세상을 구축해 나갑니다. 그래서 세상과 사람과 말은 떼어놓을 수 없는 긴밀한 관계입니다. 하나라도 없으면 성립되지 않는 완벽한 삼각관계입니다.

말에는 묶고 푸는 권세가 있습니다

또 내가 네게 이르노니
너는 베드로라
내가 이 반석 위에 내 교회를 세우리니
음부의 권세가 이기지 못하리라
내가 천국 열쇠를 네게 주리니
네가 땅에서 무엇이든지 매면 하늘에서도 매일 것이요
네가 땅에서 무엇이든지 풀면 하늘에서도 풀리리라 하시고

이 말씀은 마태복음 16장 18-19절에 나오는 말씀입니다. 말에는 두 가지 능력이 있다고 선포하는 말씀이지요. 베드로뿐만 아니라 말을 사용하는 어느 누구든지 이 땅에서 무엇이든 풀면 풀릴 것이고, 이 땅에서 무엇이든 묶으면 하늘에서도 묶인다는 예수님의 엄청난 선포입니다.

하나님은 말의 주인이십니다. 그가 말의 주권을 가지고 계시지요. 그런데 그 말의 주인이신 하나님께서 말의 주권을 "예수는 그리스도요 살아계신 하나님의 아들"이라고 선포하는 자들에게 주셨다는 사실입니다. 하나님만이 풀 수도 있고 묶을 수도 있는 말의 주권과 권세를 당신의 아들 예수를 믿는 자들에게 위임하셨습니다. 그렇지 않아도 말은 그 자체가 성실해 자기의 주인을 위해 성실히 일하는데, 풀고 묶을 수 있는 권세를 가진 자의 말은 그 주인을 위해 얼마나 성실히 섬기겠습니까?

성도는 말의 주권과 권세를 위임받은 사람들입니다. 세상을 풀기도 하고 묶기도 하는 하나님의 능력을 부여받았습니다. 성도가 입을 열어 말 한마디를 선포할 때마다 풀리는 역사도, 묶이는 역사도 일어납니다. 성도가 풀면 묶을 자가 없고, 묶으면 풀 자가 없습니다. 하나님은 자신이 하신 말씀에 전적으로 책임을 지시는 분이시기에, 성도의 푸는 말이나 묶는 말에 전적으로 동역하시지 않으면 안 되는 관계에 자신을 엮어 놓으셨습니다. 말이 한계를 정하지 않습니까? 하나님이 하신 말씀 또한 하나님의 한계가 됩니다.

이제 성도는 하나님 크기의 사역을 부여받았습니다. 그 과제를 삶 속에서 성실히 행하며 살아야 하는 사명이 있습니다. 말로 모든 사람을 풀어 주고, 말로 모든 악한 궤계를 묶어야 합니다. 풀고 묶는 이 사역이야말로 성도가 이 땅에서 행사해야 할 기본적인 과제 중 하나입니다.

4. 생명을 만드는 '푸는 말'

> 푸는 말은 하나님의 생명을 전염시키는 말입니다. 어떤 사건이 생겼을 때마다 사건을 풀고 그 결과로 생명을 생산하는 언어가 푸는 말입니다.

푸는 말은 생명을 생산합니다

사람은 자기가 속한 세상을 잘 풀어가야 합니다. 하나님이 말씀으로 창조하신 세상이기에 세상은 필히 말로 풀어야만 잘 풀립니다. 아무리 힘든 상황이라도 말로 풀면 풀립니다. 아무리 어려운 사건이라도 그 사건에 연관된 말들을 풀면 풀리게 되어 있습니다. 세상은 말로 풀어 가는 것입니다.

말은 자기의 말에 성실합니다. 말은 자기의 주인이 내뱉은 말이 현실화될 수 있도록 성실하게 또 열심히 일합니다. 꼬인 말은 현실이 꼬이도록, 풀린 말은 현실이 풀리도록 성실히 일합니다. 거짓말은 현실을 거짓되게 만들고, 진리는 현실을 진실되게 합니다. 말대로 됩니다. 말이 성실히 일하기 때문입니다. 말은 자기의 말에 정직합니다.

예수님은 푸는 말의 대가십니다. 그분 자체가 우리를 위해 푸는 말로 오셨습니다. 우리를 죄의 올무에서 푸셨고, 사망에서 푸셨습니다. 우리를 과거에서 푸셨고, 상처에서 푸셨습니다. 우리를 율법에서 푸셨고, 사람의 모든 체제에서 푸셨습니다.

예수님은 풀린 말이요, 푸시는 말입니다. 예수를 알고, 그를 만나고, 그분을 구주로 영접한 사람은 풀린 사람입니다. 풀린 말을 경험하여 풀린 사람이 되었으니 매 순간 푸는 말을 사용하며 사는 사람입니다. 이 땅에서 사는 성도는 이 땅에서 묶여 사는 사람들을 예수라는 풀린 말로 풀라고 부르심을 입고 보냄을 받은 자들입니다. 예수님은 그를 믿는 성도들에게 땅에 묶여 사는 사람들을 풀라고 가르쳤습니다.

> 나는 너희에게 이르노니 악한 자를 대적치 말라
> 누구든지 네 오른편 뺨을 치거든 왼편도 돌려대며
> 또 너를 송사하여 속옷을 가지고자 하는 자에게
> 겉옷까지도 가지게 하며
> 또 누구든지 너로 억지로 오 리를 가게 하거든
> 그 사람과 십 리를 동행하고
> 네게 구하는 자에게 주며
> 네게 꾸고자 하는 자에게 거절하지 말라
> 또 네 이웃을 사랑하고
> 네 원수를 미워하라 하였다는 것을 너희가 들었으나

나는 너희에게 이르노니

너희 원수를 사랑하며 너희를 핍박하는 자를 위하여 기도하라

　이같이 한즉 하늘에 계신 너희 아버지의 아들이 되리니

이는 하나님이 그 해를 악인과 선인에게 비취게 하시며

비를 의로운 자와 불의한 자에게 내리우심이니라

너희가 너희를 사랑하는 자를 사랑하면 무슨 상이 있으리요

세리도 이같이 아니하느냐

또 너희가 너희 형제에게만 문안하면

남보다 더 하는 것이 무엇이냐

이방인들도 이같이 아니하느냐

그러므로 하늘에 계신 너희 아버지의 온전하심과 같이

너희도 온전하라

　얼마나 엄청난 푸는 말입니까? 이렇게 풀며 사는데 누가 묶을 수 있겠으며, 누가 묶일 수 있겠습니까? 푸는 말은 풀기 위해 성실히 일하는 말입니다. 땅에서 푸는 말은 하늘도 풀리게 합니다. 풀려고 드는 말을 묶을 수 있는 것은 세상에 어떤 것도 없습니다.

　세상의 모든 것은 말을 듣게 되어있습니다. 사람도 말을 듣고, 사건도 말을 듣고, 사물도 말을 듣고, 환경도 말을 듣습니다. 세상에 있는 것 중 말을 듣지 못하는 것은 없습니다. 그래서 어떤 사건이라도 말로 풀어야 합니다. 푸는 말은 생명을 생산합니다. 그것이 말이 성실히 일하여 얻고

자 하는 궁극적인 목적이기도 합니다.

　푸는 말은 하나님의 생명을 전염시키는 말입니다. 어떤 사건이 생겼을 때마다 사건을 풀고 그 결과로 생명을 생산하는 언어가 푸는 말입니다. 얼마만큼 푸는 말을 사용하여 풀며 사느냐 하는 것이 말의 주인이신 하나님께 영광을 돌리는 삶이 됩니다. 푸는 말 한마디 한마디마다 푸시는 질서를 가지고 계신 하나님을 참 기쁘시게 합니다. 그리고 하나님은 풀린 사건 하나하나를 꼭 기억하십니다. 왜 그런지 아십니까? 그분은 자기를 기쁘게 하는 자에게 상 주시는 분이기 때문입니다.

푸는 말은 건강한 이야기를 만듭니다

　한 사람의 성숙도는 여러 가지 방법으로 측정할 수 있습니다. 그 중에서도 한 사람이 사용하는 말은 그 사람의 성숙도를 측정하는 좋은 도구입니다. 그 사람이 보는 사물, 만나는 사람, 닥친 상황, 일어난 사건, 속한 환경을 얼마나 잘 풀어 가느냐는 그 사람의 성숙도와 직접적인 관계가 있기 때문입니다.

　민 씨는 된장찌개를 너무 좋아합니다.
　어머니가 끓여 주시는 된장찌개는 아픈 배도 낫게 합니다.
　마음이 상했다가도 어머니가 끓여 주시는 된장찌개를 먹으면 상한 마음이 쫙 풀리고 잊혀질 정도입니다.
어머니의 된장찌개 맛을 따라 올 사람은 없습니다.
민 씨는 그 사실이 항상 자랑스러웠고,
생각할 때마다 마음 또한 뿌듯했습니다.

민 씨는 결혼했습니다.
결혼한 것은 너무 좋은데, 딱 한 가지 안타까운 것은
어머니의 된장찌개를 못 먹는다는 것이었습니다.
날씨가 추울 때나 비가 올 때, 마음이 허전할 때나 몸이 아플 때,
언제든지 필요할 때마다 어머니의 된장찌개를 먹을 수 없다는 것은
정말 가슴 아픈 일이었습니다.

그날은 아침부터 회사에서 어려운 일이 많았습니다.
이런 일이 꼬이고, 저런 일로 스트레스를 받고,
이 사람이 건드리고, 저 사람이 힘들게 했습니다.
몸과 마음이 무척 피곤하여 집에 돌아올 때쯤은
어머니의 된장찌개가 먹고 싶다는 생각이 간절했습니다.
그래서 전화를 했습니다, 아내에게.
된장찌개를 맛있게 끓여 놓아 달라고. 하루 종일 너무 힘들었다고.
집에 도착하자마자 된장찌개가 먹고 싶다고.
아내는 그게 뭐 힘든 일이냐며 맛있게 끓여 놓을 테니

어서 집으로 돌아오라고 말했습니다.
아파트에 도착해 엘리베이터를 탔는데,
벌써 된장찌개 냄새가 진동했습니다.
문을 박차고 집안에 들어가자마자,
아내에게 인사를 하는 둥 마는 둥하며 식탁에 앉아 밥을 찾았습니다.
아내의 손에 들려 식탁으로 오는 뚝배기가 얼마나 귀해 보이는지…
침을 뚝뚝 흘리며 쳐다보던 뚝배기가 상에 올려지자마자
한 숟가락 퍼서 입에 쑥 집어넣었습니다.
"으윽"

민 씨는 너무 속이 상했습니다.
그렇게 고대하며 먹고 싶었던 어머니의 그 된장찌개 맛이 아니었습니다.
너무 속이 상한 나머지 민 씨는 자기도 모르게 소리를 질렀습니다.
"아니, 이게 뭐야? 된장 맛이 뭐 이래?
이게 무슨 된장찌개야? 이거 된장찌개 맞아?
아니, 당신, 아직도 된장찌개 하나 제대로 못 끓여? 벌써 몇 년째야?
아직도 우리 엄마 같은 된장찌개 맛을 낼 수 없냐고?
같은 된장 가지고 왜 이렇게 맛 없게 끓이는 거야?"
민 씨 아내는 남편에게 참 미안했습니다.
정성껏 맛있게 끓인다고 했는데,
매번 시어머니의 된장찌개 솜씨를 쫓아갈 수가 없습니다.

어머니의 된장찌개 맛은 보통이 아니라
어떻게 그 맛을 내야 하는지 잘 모르겠습니다.
남편이 누누이 말하고, 또 시어머니 된장찌개도 수없이 먹어 봤지만,
그 비밀을 가르쳐주시지 않으니 그 맛을 낼 재간이 없습니다.
맛있는 된장찌개 하나도 제대로 못 얻어먹는다는
남편의 마음 아픈 말에 아내는 조심스레 입을 열었습니다.

"여보, 정말 미안해요. 이를 어쩌죠?
당신이 그렇게 원하는 된장찌개 맛을 도통 못 내니.
아, 된장찌개만큼은 어머니 솜씨를 따라갈 수가 없어요.
당신은 참 행복한 사람이에요. 그런 된장찌개를 먹고 자랐으니.
여보, 오늘 당신에게 힘든 일이 많았다고 해서
정말 맛있는 된장찌개를 끓여 위로 해드리려고 했는데
마음대로 잘 안됐어요. 정말 미안해요.
그러나 제가 다른 반찬들은 정말 맛있게 만들었거든요.
오늘은 너그럽게 마음을 풀고 다른 반찬들과 저녁을 잡수세요.
어머니 된장만큼은 안 돼도 나물이며 국이며 맛있게 만들었으니까
좀 잡수시면 당신 마음도 풀릴 거예요.
내일 어머니한테 가서 무슨 일이 있어도
그 된장찌개 비밀을 알아 가지고 올게요.
저도 음식에는 한 솜씨 하잖아요. 네?

오늘은 너그럽게 다른 반찬하고 맛있게 식사하세요. 예?"

이렇게 풀어 가는 아내가 있다면 이 세상에 문제를 앓고 있는 남편은 절대 없을 것입니다. 이렇게 건강하게 이야기로 풀어 가는 아내가 있다면, 싸우며 사는 부부도 절대 없을 것입니다. 그야말로 갈등도 없을 것이고, 분쟁도 일어나지 않을 것입니다.

문제는 이런 상황이 닥쳤을 때 어떤 아내도 이렇게 풀어 가지 못한다는 것입니다. 대부분의 경우 그 말에 붙들리고 그 상황에 붙들려 묶는 말로 사람과 사건을 묶어 버려 어려운 관계를 형성하기 일쑤입니다.

"뭐요? 된장찌개가 맛이 없어요?
몇 번씩 전화해서 된장찌개 끓여놓으라고 성화를 할 때는 언제고,
뭐요? 이제 와서 맛이 없어요?
그리고 뭐가 어째요? 어머니 된장찌개 같지 않다고요?
내 참 기가 막혀서…. 지금 당장 일어나서 나가요 나가.
어머니 된장찌개가 그렇게 맛있다니, 나가서 어머니하고 살면 되잖아요?
된장찌개 하나도 제대로 못 끓이는 여자하고 어떻게 같이 살겠어요?
그러니 나가요. 나가서 어머니하고 사세요.
아니, 된장찌개 잘 끓이는 여자를 만나서 살든지, 마음대로 하라고요.
이제부턴 내 손으로 된장찌개를 끓이면 내 손에 장을 지질 테니까.
앞으로 절대 내 손에선 된장찌개 못 얻어먹을 테니 알아서 하라고요.

살다 살다 내 참, 별 꼴을 다 봐, 정말"
그때 아들이 친구 집에서 막 돌아왔습니다.
된장찌개 냄새가 물씬 풍기는 집 문을 열고 들어오며
"와, 된장찌개다. 내가 제일 좋아하는 된장찌개다!"라고 소리치며
급히 밥 먹을 자세를 취하고 상을 맞이하여 앉는 것이 아니겠습니까?
그 꼴을 본 엄마가 아들한테 냅다 소리를 칩니다.

"어휴, 누구 아들 아니랄까 봐⋯ 그저 된장찌개, 된장찌개!
누가 너한테 이 된장찌개 준대?
네 애비가 이 된장찌개 맛 없어서 못 먹는단다.
애비나 자식이나 된장찌개 못 얻어먹어 한이 맺힌 귀신이 붙었나?
된장찌개, 된장찌개, 노래를 하니? 저리 가. 오늘 밥 없어."

푸는 말로 건강한 이야기를 만들어 가는 것은 한 개인이 소유할 수 있는 가장 큰 능력입니다. 이는 인격이요, 성장이요, 건강이요, 성숙입니다. 푸는 말은 풀린 이야기를 만들지요. 그러면 당사자는 물론이고, 이웃까지도 풀려버립니다. 성장을 방해하는 말이 없으면 당연히 모든 것은 저절로 성장합니다. 푸십시오. 말로 푸십시오. 그러면 풀립니다. 푸십시오. 풀린 이야기를 만드십시오. 그러면 자유합니다.

노 씨는 사랑하는 남자와 행복한 결혼식을 올렸습니다.

정말 세상에서 자기보다 더 행복한 여자는 없었습니다.
멋있는 남편에, 훌륭한 집안에,
자기를 사랑해주는 시부모님에, 상냥한 시동생에,
예쁘게 단장하고 신부를 기다리는 아파트에….
정말 부족한 것이 없는 결혼을 하였습니다.

그런데 핑크빛 신혼 생활도 며칠뿐.
그렇게 온순하게만 보였던 시어머니가 본색을 드러내셨고,
그렇게 상냥하기만 했던 시동생이 매사 까다롭게 굴었습니다.
그렇게 점잖게 보였던 시아버님은 말 그대로 이빨 빠진 사자였고,
남편은 약하디 약한 종이 호랑이였습니다.
노 씨는 억울한 일이 있을 때마다 남편의 도움을 청했지만
남편은 힘이 되어 주지 못했고,
오히려 강자이신 어머니 밑에서 살아남을 수 있는
처세술을 가르치는 것이었습니다.
노 씨는 너무 마음이 상하고 아파서 미칠 지경이었습니다.

남편의 집안 식구들은 진밥을 참 좋아했습니다.
시어머니는 물론, 시아버지, 시동생 그리고 남편까지
된밥은 조금도 소화를 못 시키는 사람들입니다.
노 씨는 억울한 일이 있을 때마다, 속상한 일이 생길 때마다,

속아서 시집왔다는 생각이 들 때마다,
남편이 자기편에 서 주지 않을 때마다,
영락없이 된밥을 지어 상에 올렸습니다.

"얘, 넌 내가 된밥 싫어하는 것 아직도 모르니?
밥이 되지 않도록 조심하라고 몇 번을 일러야 하니?
네 집 식구들은 다 된밥을 먹니?
지독한 사람들이라 밥도 센 것을 먹는가보구나.
아휴, 속상해! 가서 따스한 물이라도 가져와라. 물에 말아먹어야지,
어디 밥이 돌 같아서 목구멍으로 넘어가니?"

시어머니의 반응에 한층 더 화가 난 며느리는
물을 가져오며 속으로 되뇝니다.
'뭐 지독한 사람들이라 밥도 센 것을 먹는다고? 참, 기가 막혀서….
어쩜 말을 해도 저렇게 싸가지가 없는 말을 골라서 하는지 몰라.
그래, 우리 집은 지독해서 밥도 센 것을 먹는다.
그런데 아냐? 된 사람들이라야 된밥도 먹을 수 있는 거야.
너네는 되먹지 못해서 된밥을 못 먹는 거라고.
제대로 된 사람이 있어야 된밥을 먹지?
지지리도 못난 사람들이라 진밥 먹는 거야.
질척거리는 사람들만 진밥을 먹는다고.

알기나 아는지 몰라! 웃기고 자빠졌어, 정말!'

어떤 사람이든 상황이든 말이 묶이면 풀리지 않습니다. 말로 풀면 풀리고, 말로 묶으면 묶입니다. 기대만큼 행복하지 않아도, 생각했던 것만큼 미치지 못해도, 말이 풀리고 말이 행복하면 인생은 풀리고 더욱 행복해질 수 있습니다. 이빨 빠진 사자 시아버님이라도 빛 좋은 개살구 같은 종이호랑이 남편이라도, 말로 힘을 주고, 존경하고, 받쳐주면 어느 날 힘 있는 사자와 호랑이가 되어 며느리 편을 들어줄 수도 있는 것입니다. 아무리 못되게 구는 시동생과 정말 힘들게 하는 시어머니라도 정성껏 도와주고 사랑해 주면 자기편이 되는 것은 시간문제입니다. 풀면 안 풀릴 것이 없기 때문입니다.

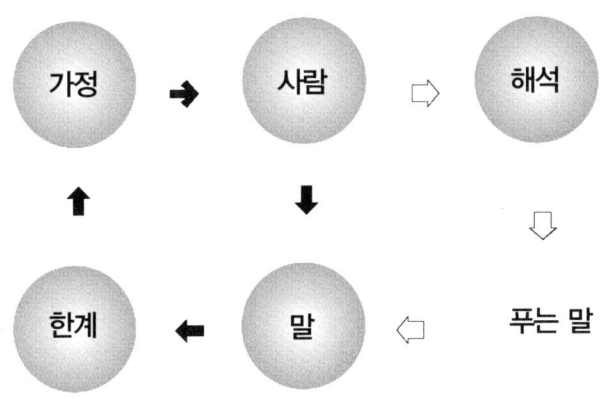

도표2. 푸는 말은 이야기를 만듭니다

푸는 말은 사람을 성숙하게 합니다

성장하고 싶은 사람이라면 누구나 사건을 통해 교훈을 얻고, 그 사건은 이야기를 만들어 흘려보내야 함을 필히 기억해야 합니다. 사건으로부터 얻어낸 교훈은 자기를 성장시키고 세워가는 새로운 언어입니다. 개인 사전에 기록돼 있지 않던 단어여서 사건이 터질 때마다 해석을 위해 사용할 수 없었던 단어지만, 사건을 통해 경험으로 얻어진 교훈은 그 사건 이후 개인 사전에 자연적으로 삽입되어 사용할 수 있는 언어가 됩니다.

사람은 그 소유한 언어만큼 성장합니다. 언어 구축은 곧 성품 구축이요, 인생 구축입니다. 언어 성장은 곧 인격 성장입니다. 여기서 말하는 언어는 교육을 통해 정보로 얻어진 언어를 일컫지 않습니다. 정보로 저축된 언어는 정보로 사용될 뿐 성품 형성에 영향을 주지 못합니다. 성품을 움직이는 언어는 경험으로 얻어진 모국어입니다. 그래서 사건을 통해서 경험으로 얻어낸 교훈이야말로 성품 형성과 인격 성장에 중요한 언어가 되는 것입니다.

남이 경험한 것을 주어 듣는 것으로는 변화를 일으키지 못합니다. 성장하지도 못합니다. 마음이 동한 경험의 언어가 되어야만 변화도 일어나고, 성장도 가능해지는 것입니다. 교훈은 경험의 언어입니다. 새로운 경험은 새로운 언어를 창출합니다. 새 언어가 있어야 새로운 해석을 할 수 있게 됩니다. 그래야 새로운 시스템도 작동이 가능합니다. 같은 시스템 속에서 다른 종류의 언어를 사용한다는 것은 불가능한 일입니다. 새 언어는 시스템을 깨는 반역의 언어가 되기에 기존 시스템을 유지하기 위해서라도 새로운 경험은 극구 막아내야 합니다. 새로운 언어를 구축하십시오. 교훈이 되는 새 언어는 상처와 싸워 이기는 새 언어요, 아픔을 위로하고 치료하는 새 언어요, 사람을 수술하고 회복하는 새 언어입니다. 새 언어야말로 인생의 새로운 지경을 넓힐 수 있는 능력의 언어입니다.

초등학교 때 선생님들로부터 따돌림을 받고,
애매하게 욕을 먹고, 원치 않는 상처를 받았던 안 씨는
선생 공포증(teacher phobia)이 있습니다.
몸이 왜소하고, 말을 잘 못하고, 씩씩하게 뛰어 놀지 못했던 안 씨를
친구들이 많이 놀렸고, 또 잘 놀아주지도 않았습니다.
무슨 사건이 생기면 괜히 안 씨가 했다며
친구들이 엉뚱한 고자질로 자기를 이상한 아이로 만들었고,
또 앞뒤 사정을 듣지 않고 그 친구들의 말만 믿으셨던 선생님들 때문에
안 씨는 많은 아픔을 겪었습니다.
그래서 선생님이라면 싫고, 못 믿겠고, 옆에 가면 벌벌 떨기도 합니다.
선생님과는 말도 잘 못하고, 선생님이라는 것을 알면
멀쩡하다가도 바지에 오줌을 싸기도 했습니다.
안 씨는 선생님이 싫었습니다.

한 번은 강화 작은집에 놀러갔는데

옆집 아이가 자기 아버지와 공놀이하는 것을 보게 되었습니다.
안 씨가 너무 재미있다는 듯이 눈을 둥그렇게 뜨고 쳐다보고 있으니,
그 아이의 아버지가 같이 와서 놀자며 안 씨를 불렀습니다.
그 아이가 이미 안 씨의 손을 잡아당기고 있었고,
그 아저씨는 힘차게 오라고 손짓을 하고 있는 터라,
안 씨는 엉겁결에 공놀이에 참여하게 되었습니다.
뛰고 뒹굴고, 껴안고, 껴안기고, 소리치고, 웃고, 엉겨 붙고,
도망가며, 너무 재미있게 놀았습니다.

그러다가 안 씨의 실수로 그 아이가 넘어지게 되었고,
그 아이는 다쳐서 다리에서 피가 흘렀습니다.
동네가 떠나가라 우는 아이 옆에서 안 씨는 어쩔 줄 몰랐고,
그 아이의 아버지는 달려와 응급조치를 하며, 아들을 위로했습니다.
그리곤 안 씨를 쳐다보더니 이렇게 말했습니다.
"넌 안 다쳤니? 우리 영수가 너무 크게 울어서 네가 더 놀랐겠구나.
별 일 아니니 놀라지 말고, 우리 내일 또 놀자꾸나.
내일이면 우리 영수도 다 나서 또 놀러 나올 수 있을 거야.
놀다보면 다치기도 하는 거지. 안 그러니?
참, 너 옆집에 놀러온 서울 아이지? 서울에서 산다며?"

안 씨는 그 아저씨가 무슨 말을 했는지는 잘 기억나지 않지만

그 아저씨가 참 좋은 분이라는 것은 가슴에 남았습니다.
'어떻게 그렇게 친절할 수 있을까?
아들이 나 때문에 넘어져 피까지 났는데, 날 야단치지도 않았어.
다른 사람들 같으면 난리를 쳤을 텐데… 참 좋은 아저씨야.'
안 씨는 그 아이가 너무 부러웠습니다.
너무 좋은 아버지와 사는 행복한 아이라고 느껴졌습니다.
집에 돌아와 작은아버지께 일어난 일을 말하며,
옆집 아저씨가 참 좋은 분이라고 말했습니다.
그랬더니 작은아버지가 하시는 말씀.
"아, 그 분? 여기 초등학교 선생님이셔. 참 좋은 분이지.
이 동네 애들한테 인기 짱이야!"

안 씨는 충격을 받았습니다.
좋은 아저씨, 좋은 아버지, 좋은 선생님.
지금까지 서로 연결되지 않았던 단어들입니다.
순간 그 아저씨와 놀며, 안기고, 당기고, 엎치고, 뒤치고,
소리를 지르며, 동네가 떠나가라 웃던 순간들이 눈앞을 스쳐갔습니다.
"뭐? 그 아저씨가 선생님이라고?"
선생님이라는 소리만 들어도 억울하고 불안해서
오줌까지 싸던 자기였습니다.
그러나 아무런 나쁜 느낌 없이

그 선생님과 같이 놀고 뒹굴 수 있었다는 사실이
너무 희한하고 좋을 수 없었습니다.
"이럴 수도 있구나!"

경험을 통해 얻은 교훈은 사람을 치료합니다. 성숙하게 합니다. "선생님이라고 다 나쁜 분은 아니야. 선생님도 좋은 분일 수 있어! 그 아저씨는 참 좋은 선생님이야!" 폭이 넓어진 새로운 단어 하나를 얻으면 그만큼 인격의 폭도 넓어집니다. 깊이가 있는 새로운 한 단어를 하나 얻으면 인격의 깊이도 깊어지는 것입니다. 언어의 성장이 인격의 성장입니다.

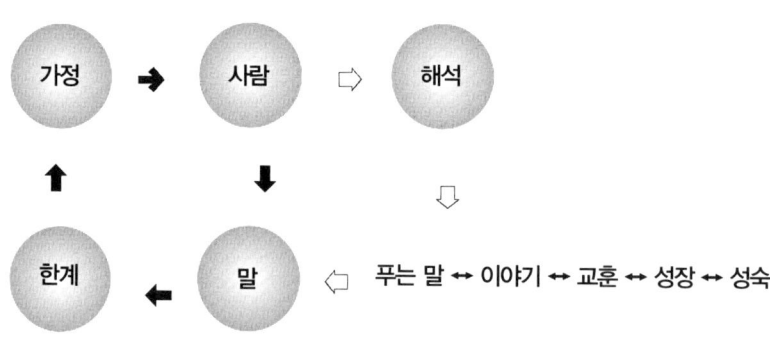

도표 3. 푸는 말은 성숙한 말입니다

5. 사연을 만드는 '묶는 말'

사연은 묶인 말입니다. 사연은 묶인 말로 사람을 묶습니다.
사연에 묶인 사람은 사연의 세계에 갇혀 삽니다.

묶는 말로는 사건에서 교훈을 얻을 수 없습니다

푸는 말로 이야기를 만드는 작업은 성장을 위한 필수 과정입니다. 모든 사건에서 성장을 위한 새로운 교훈을 얻어야 합니다. 나는 이런 면에서 약하구나, 나는 이런 것을 싫어하는구나 등등 새로운 교훈 하나 얻고, 그 교훈을 자기의 것으로 만드는 것이 이야기 만드는 작업의 목적입니다. 그러면 사건을 통해 성장할 수 있습니다.

그런데 사람들은 사건에서 교훈을 얻지 않습니다. 사건을 이야기로 풀어가지 못하기에 사건 자체를 끌어안고 살아갑니다. 풀리지 않은 사건을 부둥켜안고, 평생을 버거워하면서 살아갑니다. "난 왜 이렇게 매일 힘들게 살아야 하느냐"며 하소연을 하고 원망, 불평을 하며 살아갑니다.

그러나 아무도 그 사람을 도와줄 수 없는 것은 그 사람의 언어가 묶여 있기 때문입니다. 그 사람은 사건마다 건수마다 풀어가지 못하는 언어만 사용하고 있기 때문입니다. 그러다보면 그 '무겁고 어려운 인생'이 익숙해집니다. 풀리지 않는 사건 덩어리를 부둥켜안고 사는 것을 팔자로 받아들입니다. 그 아픔의 덩어리를 풀어놓아 버리면 오히려 허전하기라도 할까 봐 세월이 갈수록 더욱 꼭 부둥켜안습니다. 아무리 주위에서 좋은 언어를 사용해 풀어주려고 해도 스스로 사건을 풀지 않기 때문에 조언이나 충고는 욕이 되고, 상처가 됩니다. 아픔으로부터 해방되고 자유로울 수 있는 가능성이 많음에도 불구하고 외부의 도움을 차단하기 때문에 어떤 귀하고 좋은 말이나 방법도 전혀 효험을 발휘하지 못합니다. 스스로가 병자로 살기를 원하기 때문이지요. 그 병과 사는 것이 병 없는 자로 사는 것보다 훨씬 더 친숙하기 때문입니다. 익숙한 것과 사는 것이 익숙지 않은 것과 사는 것보다 훨씬 쉽기 때문입니다.

사건은 이야기를 만들어 흘러가도록 해야 합니다. 그렇지 않으면 사건은 생생히 살아 몇 십 년 동안이나 그 사람을 괴롭히는 악몽이 되고, 그 사람은 그 사건에 짓눌려 성장하지 못하는 일이 종종 벌어집니다. 사건은 이야기를 만들어 교훈 하나 뽑고 흘려보내야 합니다. 그것이 건강한 사람이 되는 지름길입니다. 푸는 능력을 발휘하십시오. 사건을 이야기로 만들어 교훈 하나 얻고 풀어가는 능력이야말로 가장 **빠르고** 가장 단순한 건강 원칙입니다.

허 씨는 첩의 아들입니다.
아버지가 실수해서 얻은 아들이지요.
멀쩡한 아들이 셋이나 있는데,
이웃집 처녀를 건드려 또 다른 아들을 낳은 것입니다.
당연히 허 씨는 천덕꾸러기로 태어나 눈치 보는 아들로 자랐습니다.
아들이 없는 집이었다면 귀한 아들로 대접을 받았겠지만
덩치 좋고 잘 생긴 형들이 셋이나 있는 집안이었기에
그것은 불가능한 일이었습니다.
오히려 덩치도 작고 형들에 비해 못생긴 허 씨는
환영이나 귀염은 받아보지도 못한 채
모두가 잊어버리고 싶어 하는 그런 아들로 자랐습니다.

허 씨는 자기의 신분 때문에 많은 고통을 겪었습니다.
엄마는 아직도 젊은데 뭐가 부족해 저렇게 붙어살며
온갖 수모를 다 겪는지 알 수가 없었습니다.
자기가 어렸을 때 다른 곳으로 도망가 살면서
아버지가 죽었다고 했으면 아무도 자기가 첩의 자식인 것을
몰랐을 텐데… 자기도 몰랐을 텐데….
그렇게 하지 않은 엄마가 너무 싫고,
매일 큰집 눈치를 보며 쩔쩔매며 사는 엄마가 미웠습니다.
엄마를 그렇게 만든 아버지가 싫고,

항상 우울한 얼굴로 사람들 눈치를 보게 하는 큰어머니가 싫고,
뭐든지 놀리며 못살게 구는 큰집 형들이 싫었습니다.
그런 생활 자체가 싫었습니다.
어디를 가든지 첩의 아들이라는 소리를 듣는 것은 죽기보다 싫었습니다.

허 씨는 성장했습니다.
많은 상처를 가슴에 안고 이를 악물고 성장했습니다.
놀림 가운데도 꾹 참고 학교에 다녔고, 대학에 들어갔고,
직장인이 되었고, 장가를 들고, 자식을 낳고 살고 있습니다.
허 씨는 큰집에서도 인정하는 성실한 사람이고, 착한 아들이었습니다.
엄마한테도 잘하고, 큰어머니한테도 깍듯하게 잘했고,
형들한테는 이루 말할 수 없는 좋은 동생이었습니다.
친형제나 다름없이 지낼 정도로,
허 씨는 온갖 신경을 다 쓰고 애를 써왔습니다.

그러나 허 씨는 그의 아버지에게만은 좋은 아들이 아니었습니다.
절대 그럴 수는 없었습니다.
허 씨의 모든 아픔과 고생과 마음의 고통이
다 그 아버지의 무책임한 행동 때문이라고 믿기에
허 씨는 그 아버지에게 다가가지 않았고, 말을 걸지 않았고,
눈도 마주치지 않았으며,

어떤 감정도 교류하지 않았습니다.
그는 한 번도 소리 높여 아버지라고 부르지 않았습니다.
그는 아버지 없이 자란 '호래 자식'이었기 때문입니다.

허 씨 아버지는 실수로 동네 처녀를 건드리고 난 후
평생 얼굴을 들지 못하고 지내셨습니다.
허 씨를 안아볼 수도 없었고, 눈길 한 번 제대로 줄 수가 없었습니다.
큰어머니에게 구박받는 허 씨 편을 들어줄 수도 없었고,
힘없는 동생을 놀리고 때리는 아들들을 나무랄 수도 없었습니다.
학교에 찾아가 볼 수도 없었고, 과자 한 봉지도 사 줄 수 없었습니다.
혹시 아내에게 잘못 보이면
아이와 아이 엄마에게 닥칠 문제가 더 커질 것만 같아
정말 아무것도 할 수가 없었습니다.
그들에게 더 큰 말썽이 되지 않기를 간절히 바라는 마음뿐이었습니다.

허 씨는 성실하고, 야무지고, 책임감 있고, 잘 참는 사람입니다.
그러나 다 참고, 다 견디고, 다 넘어가 주다가도
한 가지 절대 넘어갈 수 없는 것은 '무책임한 어른의 짓거리'입니다.
그것이 누구든 절대 참지 못합니다.
그 무책임한 사람들의 짓거리 때문에
억울한 일이나 피해보는 일이 생기면

어디서 그렇게 불 같은 성격이 튀어나오는지,
걷잡을 수 없을 정도로 큰일을 저지릅니다.
자기와 직접적인 관계가 없는 일도
마치 자기가 당한 일처럼 나서서 싸웁니다.

허 씨는 혹시 아내가 자녀들에게
무책임한 행동 하나라도 하는 듯하면 큰 난리가 납니다.
부모가 자식을 낳아놓고 그러면 안 된다는 것이지요.
귀찮아서 찬밥을 먹인다든지, 성의 없이 대우한다든지,
알아서 할 것이라며 내버려둔다든지 등등은
용납할 수 없습니다.

허 씨는 구박했던 큰어머니나 때렸던 큰형들이
멀찌감치 서서 아무 말 없이 지켜보던 아버지나
자신 있게 뭐 한 가지도 제대로 해 주지 못했던 엄마보다
더 고맙고 더 좋았습니다.
그들은 허 씨와 직접 관계를 해 주었기 때문입니다.
허 씨를 살아있다고 느끼게 했고, 책임져 주었고,
관계해 주었기 때문에 오히려 그들에게 감사하며 살아갑니다.
허 씨는 오히려 자기가 큰어머니의 넷째 아들이라고
입버릇처럼 말하며 살아왔습니다. 허 씨의 마음은 정말 그랬습니다.

허 씨는 오늘도 자기라는 존재의 아픔과 맞서 싸우기 위해
온 세상의 무책임한 '아버지' 같은 사람들과
필사적으로 싸우며 살아갑니다.
자기 같은 불쌍한 존재가 또 하나 생겨나지 않게 하기 위해,
자기처럼 억울한 삶을 사는 사람을 하나라도 줄이기 위해
고군분투합니다. 그것을 통해 자기 스스로에게
의미와 값을 부여합니다.
스스로 귀한 존재라고 증명하며 살아갑니다.
자기를 이해하지 못해서 자기를 싫어하는 사람들이 있다고 믿고,
그 사람들에게 인정과 사랑을 받을 때까지
허 씨는 있는 힘을 다해 그들을 섬기고 그들과 관계합니다.

사건은 교훈을 얻기 위함입니다. 허 씨의 경우 그가 자신의 출생에 관한 사건에서 인생의 귀중한 교훈 하나를 얻고, 이야기를 만들어 흘려보내는 어느 날 성장의 궤도에 올라서게 될 것입니다. 그러나 그 사건을 되씹고, 그 사람들을 되새기며 지나간 이야기를 보상하거나 보충하기 위해 살아간다면 사건은 지속적으로 살아있고 사람은 풀리지 않은 사건 때문에 지속적으로 높은 값을 치르며 살게 되는 것입니다.

사건은 사건으로 끝나야 힘을 발휘하지 못합니다. 출생사건이든 사망사건이든 사건은 교훈 하나 얻고 이야기를 만들어 흘려보내야 사건에 제 값을 주는 것입니다. 만약 그렇지 않으면 사건보다 너무 큰 값을 치르게

되고, 사건은 사건대로 왕성한 힘을 얻어 더욱 해결할 수 없는 치명적인 사건이 되는 경우가 허다합니다. 그러면 사람의 인생으로 사건의 값을 치르는 경우가 생깁니다. 배보다 배꼽이 더 큰 경우가 되는 것입니다. 상상치도 못한 큰 값을 치르고 피해로 인해 상처에 눌려 살게 됩니다. 너무 한심한 인생이 되지요.

사건은 사람의 가장 약한 곳을 건드립니다. 아니, 사건이 생길 때마다 사람의 가장 약한 곳이 작동됩니다. 약하기에 민감하고, 민감하기에 가장 먼저 건드려집니다. 마음 가운데는 혹시 이번 사건이 치유의 기회가 되지 나 않을까 하는 희망도 작동합니다. 그러나 개인이 소유하고 있는 사전(personal dictionary)의 단어들이 개혁되어 있지 않은 상태이기 때문에, 다른 해석이 불가능해 같은 결과밖에는 생산하지 못하게 됩니다.

돈을 잃었거나 사람이 다쳤거나 사고가 났거나 어려움이 생겼을 때 성장을 위해 교훈을 얻고, 그 사건은 이야기를 만들어 흘려보낼 수 있어야 합니다. 그것이 인생을 풀어 가는 원칙입니다. 그렇지 않으면 사건은 묶이고, 사건이 인생이 되어버립니다. 그러면 사람이 묶이고, 인생은 고장이 납니다.

묶는 말은 사연을 만듭니다

말은 크게 두 가지로 나닙니다. 하나는 푸는 말이고 다른 하나는 묶는 말입니다. 푸는 말은 이야기를 만드는 말입니다. 일어난 사건을 이야기로 만들어 흘려보내고, 교훈은 뽑아 내 것으로 만드는 것이 푸는 말의 작업입니다. 푸는 말을 사용하는 사람의 인격은 날마다 성장합니다. 푸는 말 자체가 성장하기를 원하는 언어요, 배우기에 성실한 언어요, 새로운 언어 하나를 얻기에 충실한 언어요, 변화를 두려워하지 않는 언어이기 때문입니다. 푸는 언어는 생활을 풉니다. 어디에도 묶이지 않고, 어떤 사람이나 어떤 시간이나 어떤 장소나 어떤 물건에도 묶이지 않습니다. 푸는 말은 모든 묶임에서 사람을 해방시키고 모든 얽매임에서 자유하게 합니다.

그러나 묶는 말은 그렇지 않습니다. 묶는 말은 사람을 묶습니다. 사물에 묶이게 하고, 사건에 묶이게 하고, 시간에 묶이게 하고, 상황에 묶이게 하고, 환경에 묶이게 합니다. 묶어서 그 사람을 꼼짝달싹하지 못하도록 만듭니다. 그때 일어난 그 사건과 그 물건과 그 사람과 그 상황에 사람을 고정시켜 버립니다. 빠져 나오지 못하도록 계속 생각하게 하고, 그것과 씨름하게 하고, 반복하여 싸우게 하고, 지속적으로 상처받게 하고, 쉴 틈 없이 계속 아프게 합니다. 그러면서 사람을 상하게 하지요. 폐인이 되게 하지요. 묶는 말은 참 악한 말입니다. 정말 악합니다.

푸는 말이 이야기를 만드는 말이라면 묶는 말은 사연을 만드는 말입니다. 사연을 정의하면 '풀리지 않은 이야기'입니다. 모든 사건은 푸는 말로 이야기를 만들어 교훈 하나 얻고 흘려보내야 하는데, 사연이 된 사건은 그렇지 못하다는 것입니다. 이야기를 만들지 못했고, 흘려보내지 못했고, 교훈을 얻지도 못하고, 사건이 일어난 순간에 그 상태대로 묶여버린 사건입니다. 성숙할 수 없도록 묶여버린 사건입니다. 그러면 사건이 사연이 됩니다.

사연은 풀리지 않은 이야기입니다. 소화되지 않은 채 가슴에 남아 있는 사건입니다. 자신이 소유한 말로는 풀 수 없었던 사건이며, 자신의 이해력으로는 도저히 용납이 안 되는 사건입니다. 사연은 이야기와 같이 말들의 집합체이긴 마찬가지지만, 이해되지 않고 소화되지 않아 불만과 불평과 속상함과 억울함과 괴로움과 아픔으로 뒤범벅이 된 말들의 집합체입니다.

사연은 경험의 언어입니다. 사연은 즉각적으로 개인 사전에 기입되는 언어들입니다. 가슴판에 새겨진 언어요, 줄 쳐진 단어들이요, 지울 수 없는 강한 언어입니다. 그러다 보니 개인 사전을 들춰 단어를 선택할 때 다른 단어들보다 먼저 눈에 띄고, 먼저 사용하게 됩니다. 사연의 언어는 반복적인 사용으로 인해 가장 익숙한 생활 언어가 됩니다.

사연은 풀리지 않은 이야기입니다. 사연은 고장 난 레코드처럼 반복하여 되풀이합니다. 사연이 있는 사람마다 한 말 또 하고 한 말 또 하는 것을 봅니다. 마치 새로운 이야기를 하는 것처럼 그 묶인 이야기를 되풀이합니다. 옛날 그 시간, 그 사람, 그 상황에 묶여 있는 상태이기에 아직 그 사건이 생생하게 살아 있습니다. 자연적으로 새로운 사건이 터질 때마다 생생히 살아있는 사연의 언어를 사용하여 사연을 재현시킵니다.

사연이 있는 자마다 매 순간 사연을 해결해 보려고 애를 씁니다. 그러나 사연을 해결한답시고 새 사건을 옛 사연의 언어로 해석하여 풀어가니 또 풀리지 않은 사연을 만드는 것은 당연지사입니다. 사연에 속한 언어들은 그 자체가 묶인 언어들이기에 자연적으로 또 다른 사연을 만들게 되어 있습니다. 그래서 역사는 반복됩니다.

최 씨는 커리어 우먼입니다.
열심히 일해 돈도 많이 벌었고, 똑똑하고 능력도 있습니다.
주위 사람들은 최 씨를 성공한 여성이라고 부르며 매우 부러워합니다.
최 씨의 남편 오 씨도 매우 능력 있는 사람입니다.
리더십도 있고, 책임감도 투철하고, 성품도 참 괜찮은 사람입니다.
하는 일마다 안 되는 일이 없고,
주위에 특별히 어려움을 주는 사람도 없습니다.
사람들은 오 씨를 참 '형통한 사람'이라고 부릅니다.

최 씨는 부족한 것이 없고 또 부러울 것이 없습니다.
그럼에도 불구하고 항상 두려움에 잡혀 삽니다.
그 이유는 어느 날 모든 것이 다 편안해졌을 때,
그래서 자기도 모르게 긴장을 풀고 무장해제가 됐을 때,
생각지도 않은 어려운 일이 닥쳐 곤경에 빠질지도 모르기 때문입니다.
최 씨에게는 아무 걱정 없이 살던 어느 여름 날,
회사의 특대로 일 년간 미국으로 공부하러 떠난 아버지가
다시는 집으로 돌아오지 않으셨던 사연이 있기 때문입니다.
최 씨는 항상 긴장을 풀지 못하고,

뭔가 불행한 일이 일어날 것이라는 두려움에 싸여 살아갑니다.

형통한 남편 오 씨는 아내 최 씨에게 힘들게 일하지 말라고 합니다.
그러나 최 씨는 남편의 말을 곧이들을 수 없습니다.
아버지도 남편 오 씨만큼이나 형통하고 성공한 분이셨기 때문입니다.
아무 걱정하지 말고 일 년만 잘 견디라며 신신당부하고 떠난 아버지가
다른 여자와 바람이 나 생활비 한 푼 보내주시지 않았기 때문입니다.
최 씨는 많은 어려움을 겪으며 자랐습니다.
갑자기 당한 일로 마음도 가누지 못한 채,
돈 한 푼 없이 자식 넷을 길러야 했던 어머니를 생각하면
아직도 그 끔찍함에 몸이 부르르 떨립니다.
자기도 그렇게 되지 말라는 법이 어디 있겠습니까?

남편 오 씨는 강한 어머니 밑에서 자랐습니다.
아버지가 무능하셨기에 자기는 절대 무능하지 않겠다고
스스로 다짐하며 자랐습니다.
문제는 어머니가 워낙 똑똑하시고 생활력이 강하셔서
아버지가 기를 펴시지 못하셨다는 것입니다.
오 씨는 항상 어머니가 조금 지시고 아버지를 밀어주셨으면
하는 마음이 있었습니다.
어머니처럼 기가 세고, 남편의 손에 잡히지 않는 여자는 싫었습니다.

그런데 운명의 장난인지 어머니보다 더 강한 여자를 만난 것입니다.
얌전하고 세상물정도 몰랐던 순진한 여자였는데,
날이 가면 갈수록 강해지는 아내를 걷잡을 수가 없습니다.
남편을 믿지도 못하고, 절대 따라오지도 않습니다.

오 씨의 소원은 아내 최 씨를 자기 손안에 잡아보는 것입니다.
남편을 믿고 아무 것도 하지 말고 집에서 살림만 했으면 좋겠습니다.
처음엔 그렇게 하겠다고, 그것이 소원이라고 하더니
말뿐이지 현실은 그렇지 못했습니다.
집에 있는 것을 너무 불안해하기에
나가서 일을 해보면 어떻겠냐고 했던 것이
날개 달고 날아가 버리는 계기를 제공해 준 격이 되었습니다.

어머니의 드셈이 부모님 불화의 요인이었기에,
오 씨는 아내 최 씨를 손아귀에 넣어야 된다고 믿었습니다.
여자의 드셈이 가정의 불화라는 공식을 가지고 살아가는 오 씨와
남편을 믿다간 언제 쪽박 찰지 모르니
스스로 살 수 있는 방도를 마련해야 한다는
공식을 가지고 사는 최 씨는
조절해야 함과 조절 당하지 않아야 함의 사연 속에서
서로를 철저히 묶으며 살아갑니다.

자신들이 왜 불행한지도 알지 못한 채
그저 서로를 탓하며 불행하게 살아가고 있습니다.

사연은 사람을 묶습니다. 앞이나 옆을 바라보지 못하도록 하지요. 삶의 여유를 빼앗아 갑니다. 사연이 힘을 가지면 사람의 주인이 되어 사람을 사연의 꼭두각시가 되게 합니다. 사연은 사람을 사람답게 살지 못하게 합니다. 그래서 사연은 참 악한 것입니다.

사연은 풀리지 않은 감정입니다

사연은 이야기를 만들지 못한 사건입니다. 사건을 풀 수 있는 합당한 언어가 준비되지 않았기 때문입니다. 사람이 성숙해간다는 것은 풍부한 언어를 준비하여 어떤 사건이 닥쳐도 풀어갈 수 있는 능력을 발휘함을 의미합니다. 그러나 사건이 터졌을 때 미처 언어가 준비되어 있지 못하면 사건은 사연이 되는 것입니다.

흥미로운 사실은 어떤 사연이든 사연이 되었다는 말은 그 사건에 연유된 감정이 풀리지 않았다는 말과 같습니다. 즉 그 사건으로 말미암아 자존심이 상했고, 감정이 상했다는 말이지요. 사연은 '풀리지 않은 감정의 이야기'입니다.

감정은 인간의 가장 기본적인 언어입니다. 말 한마디 할 줄 모르는 태아 시절부터 자기를 표현하는 데 사용된 익숙한 언어입니다. 감정은 사람의 마음 상태를 가장 잘 나타내는 언어요, 사람의 과거와 현재와 미래를 하나로 묶어내는 능력의 언어입니다. 감정이 좋으면 미래까지 설계하는 희망의 언어지만, 감정이 나쁘면 주어진 현재도 잘 살아내지 못하는 절망의 언어가 됩니다. 감정은 인간의 가장 중요하고 기본적인 언어로서 감정이 풀리지 않으면 사람 구실도 제대로 못합니다. 사연이 되었다는 말은 감정의 언어가 풀리지 않아 인생이 엉망진창이 되었다는 말입니다.

사연은 어떤 사건이 잊을 수 없는 상처와 아픔이 되었다는 말입니다. 교훈을 얻고 흘려보냈어야 하는 사건이었는데 오히려 그 사람에게 상처를 남기고 아픔이 되었다는 의미입니다. 감정이 상해버려 사람이 병들었다는 것이지요.

한 전도사 사모가 딸과 함께 교회 사무실에서 사무를 보고 있었습니다.
개인적인 사정으로 사무원이 교회에 못 나오게 되자
전도사 사모가 대신 일을 보게 된 것입니다.
아직 홀로 둘 수 없는 어린 자녀가 있어
함께 데려와 옆에서 놀게 하며 전화도 받고,
자질구레한 사무 일도 처리하며, 사무실 구석구석을 치우며
성심껏 일하고 있었습니다.

어떤 여자 집사가 교회에 볼일이 있어 잠깐 들렸다며

사무실로 들어왔습니다.
엄마 옆에서 재미있게 청소를 하고 있는 사모의 딸을 보고,
그 집사는 아무 생각 없이 말을 건넸습니다.
"아휴, 어쩜! 아이가 어떻게 이렇게 청소를 잘해요?
아휴, 너도 천상 교회에서 일해야겠다. 딱 어울리네! 호호호!
우리 교회에 이젠 사찰 집사 없어도 되겠네,
네가 사찰해라! 아휴, 깜찍해라."

별 의미 없이 던진 말이었습니다.
그러나 그 집사의 말은 사모의 오장을 뒤집어 놓기에 충분했습니다.
'뭐 걸레질을 잘한다고? 사찰을 하라고?'
그냥 넘어갈 수 없는 말이었습니다.
감정이 있는 대로 상해 절대 그냥 넘어갈 수가 없었습니다.
"집사님은 애한테 무슨 말을 그렇게 하세요? 사찰을 하라니요?
저주를 해도 분수가 있지 애한테 무슨 말을 그렇게 하세요?
지금 애보고 커서 사찰하라는 거예요? 뭐예요?
교회에서 죽은 듯이 일하고 있으니까,
사람이 우습게 보이는 모양인데…
사람을 어떻게 보고 그럼 말을 하는 거예요?"
속이 다 시원하도록 이렇게 탁 쏴주고 싶은데,
그렇게는 말할 수가 없었습니다. 그래도 명색이 전도사 사모인데….

사찰이라는 단어가 나빠서가 아니었습니다.
나오는 대로 함부로 말하는 그 집사가 너무 싫었습니다.
자기 자식이 귀하면 남의 자식도 귀한 줄 알아야지.
그렇지 않아도 울며 겨자 먹기로 나와서 일하고 있는데…,
또 이왕 일하는 것이니 잘하자고 마음을 다지고 있는데…,
애까지 들추어가며 걸레질을 잘하느니,
사찰이 잘 어울리느니 하며 사람 속을 뒤집어 놓으니
가만히 있을 수가 없지 않느냐는 말입니다.
돈 좀 있다고 입에서 나오는 대로 지껄이는 것이 정말 싫습니다.
반응하지 않고 그냥 웃어넘기려고 하니 속에서 불이 납니다.
"아, 이럴 땐 하나님 믿는 게 정말 너무 싫구나!"

사연은 풀리지 않은 감정의 이야기입니다. 감정이 묶이면, 언어도 묶입니다. 감정이 묶이면 사연과 연관된 사람의 얼굴도 쳐다볼 수 없게 되고, 마주치기도 싫어지고, 그 사건이나 상황에 다시 처하기도 싫어집니다. 묶인 감정이 생생히 살아 있어서 세월이 지나도 잊혀지지 않습니다. 감정이 묶이면 언어가 묶이고, 언어가 묶이면 묶인 말밖에는 사용할 수 없게 됩니다.

오늘따라 밥을 먹고 있는 아들이 신 씨의 눈에 매우 거슬립니다.
남자처럼 밥을 씩씩하게 먹지 않는 아들이 몹시 못마땅합니다.

반찬을 집어 가는 모양이나 입으로 음식을 넣은 모습이나
축 쳐져서 밥을 씹는 모습이 계집애 같아 몹시 마음에 걸렸습니다.
힘없이 젓가락을 내밀어 반찬을 집으려는 아들의 젓가락을
냅다 밀치며 버럭 소리를 질렀습니다.
"무슨 밥을 그 모양으로 먹어? 이 자식, 이거, 계집애 아냐?
사내새끼가 나중에 커서 밥만 축내는 놈이 되려고 이러나…
왜 이렇게 매가리가 없어?
무슨 남자 자식이 계집애처럼 흐느적거리며 밥을 먹어!"

아무 생각 없이 밥을 먹던 아들이
아버지의 갑작스러운 행동에 놀라 눈이 휘둥그레지며
눈에는 눈물이 고였습니다.
그 모습을 본 아버지는 또 다시 소리쳤습니다.
"어? 이 자식 좀 봐! 너 지금 계집애처럼 우는 거야?
아버지가 좀 언성을 높였다고 울어? 이 자식, 이거, 진짜 계집애였구나."
아버지가 무슨 연유로 자기에게 화를 내며
계집애라고 부르는지 알 수가 없는 아들은
더 혼이 나지 않기 위해 자세를 바로 하고, 눈물도 삼키고,
씩씩하게 밥을 먹기 시작했습니다.
아들은 속으로 되뇌었습니다.
"난 계집애가 아냐. 난 계집애가 싫어. 난 계집애가 아니야!"

신 씨의 아들이 어른이 되었습니다.
그는 회사에서 총망 높은 직원으로 진급도 매우 빨랐습니다.
그는 애매한 소리는 절대 듣지 못했고,
억지를 부리는 상사가 있으면 끝까지 흑백을 가려내는 사람이었습니다.
그는 여자들을 싫어했으며, 혹시 여자 상사가 있으면
무슨 수를 써서라도 그 상사보다 높은 자리에 올라가
그 여자를 내쫓기 위해 기를 쓰는 사람이기도 했습니다.
그는 항상 씩씩하고, 항상 대범하고, 항상 남자인 것을 내세우고,
항상 여자를 깔보며, 항상 윗사람과 맞붙고,
상사들을 우습게 보는 사람으로 살아가고 있습니다.

신 씨는 귀가 매우 여린 사람이었습니다.
직장 동료들과 대화를 나누다가
요새 남자아이들이 계집애 신드롬을 앓고 있다는 말을 듣게 되었습니다.
남자아이들이 씩씩함을 잃어가고, 담대함을 상실해 약해져가는 반면,
여자아이들은 점점 더 드세지고, 담대해지고, 강해져간다는 소리를
들으며 자기 아들을 생각하게 되었습니다.
집에 돌아와 저녁을 먹는데 밥을 먹는 아들이 영 맘에 들지 않았습니다.
정말 계집애처럼 먹고, 계집애처럼 칭얼대고,
계집애처럼 말하는 것이었습니다.
신 씨는 갑자기 가슴이 답답해옴을 느꼈고, 앞이 캄캄하기까지 했습니다.

그는 급한 마음에 아들을 향해 냅다 소리를 지르게 되었고,
계집애라고 말하며 행주치마 입혀서 설거지 시키라고 말했던 것입니다.
그 이후로 신 씨는 그 에피소드에 대해 잊었습니다.
날로 씩씩하게 자라 가는 아들로 인해 만족해했을 뿐입니다.

한편 신 씨의 아들은 그 에피소드를 잊을 수가 없었습니다.
그 사건으로 말미암아 감정은 꽁꽁 묶여버렸고, 말이 묶였고,
자신이 묶여버렸습니다.
아직도 무슨 영문인지 알 수 없는 '계집애 사건'으로 말미암아
모든 계집애들을 싫어하는 병을 앓게 되었고,
상사들과 마음 놓고 회식을 하지 못하는 사람으로 성장했으며,
무엇이든지 따지고 캐고 물어서 끝을 봐야하는 사람으로
살아가게 되었기 때문입니다.

오늘 신 씨의 아들은 선을 봤습니다.
예쁘고 아리따운 여자였습니다.
그러나 너무 마음에 들어서 다시 만나자고 말하지 못했습니다.
그렇게 그 여자가 마음에 든다는 것은
혹시 자기가 여자일 가능성이 있다는 생각이
갑자기 뇌리에 스쳐갔기 때문입니다.
커피 집을 나오면서 신 씨는 다시 한 번 다짐합니다.

"난 계집애가 아냐. 난 행주치마를 입지 않을 거야.
난 고추를 자르지 않을 거야!"

아버지 신 씨에게는 별 일도 아닌 것이, 아니 오히려 잘 됐다고 생각하는 그 에피소드가 그의 아들에겐 평생 감정의 절름발이가 되어 살아가는 사건이 되어 버렸습니다. 사람은 누구를 막론하고, 풀리지 않은 감정이 있으면 필히 그 감정의 노예가 되어 살아갑니다. 다른 방법은 없습니다.

사연은 반드시 상처를 남깁니다

'상처' 라는 단어가 유행하는 시대입니다. 상처에 대한 여러 가지 정의가 있습니다만 상처는 '풀리지 않은 감정의 드러난 표현' 이라고 말할 수 있습니다. 그 원인이나 종류는 여러 가지며 각자가 소유하는 상처도 다릅니다. 그러나 상처라는 말이 나타내고자 하는 의미는 "나 묶였어! 나 좀 풀어 줘!" 입니다. 상처를 묶인 감정의 단편적 표현이라고 해도 좋겠습니다.

사연은 묶인 이야기입니다. 아픈 이야기지요. 풀리지 않은 감정이 비명을 지르며 해방되기를 갈망하는 언어입니다. 그래서 사연은 반드시 아픔을 표현할 수 있는 상처를 남깁니다. 자기의 묶인 감정을 드러내서 호소하기 위함이지요. 상처가 있어야 사연을 해결할 수 있는 꼬투리가 남기 때문입니다.

그런 의미에서 상처는 사람에게 필요악입니다. 묶인 감정으로 인해 그 감정의 노예로 살 수밖에 없는데, 상처가 비명을 지르며 그 사람에게 묶인 감정이 있음을 알려줍니다. 생활 속에서 그 상처는 언어나 행동으로 표현되고, 관계 속에서 구체적인 모습을 띠고 드러납니다. 주위 사람들은 그 사람이 상처가 있는 사람임을 알게 되고, 본인도 자주 겪게 되는 관계의 문제로 자신이 상처가 있는 사람임을 알게 됩니다. 그런 의미에서 상처는 필요악입니다.

그러나 문제는 자신이 상처가 있는 사람임을 알게 되었을 때는 이미 치유가 불가능한 시기일 수 있다는 것입니다. 세월이 흐르면서 풀리지 않고 묶여 있는 감정이 그 사람의 성품이 되고, 성격이 되고, 성질이 되고, 성깔이 된 이후일 수 있기 때문이지요. 한 사람의 성격은 그 사람의 드러난 특징입니다. 묶인 감정이 그 사람의 드러난 성격의 주요인이 됩니다. 그렇게 되면 치유가 되기보다는 그 특징을 고수하려는 에너지가 더욱 강하게 작동됩니다. '나는 누구인가?'라는 물음에 답하기 위해서라도 그 상처가 필요하기 때문이지요. "그 상처로 말미암아 내가 이렇게 되었는데, 이제 와서 그 상처를 없애버리면 난 무엇이 되라는 말인가"라는 존재적 상실의 위기에 처하기 때문에 상처를 부둥켜안고 살아가게 됩니다. 너무 오랜 세월 동안 상처와 함께 살면서 모든 것을 다 그 상처에 의거하여 조정하고 조절해 왔기에 상처를 버린다는 것은 생활의 핵심을 잃는 것과 같습니다. 절대 그럴 수 없습니다.

조 씨 아버지는 친일파는 아니었지만 일본 여자를 좋아했습니다.

부모님의 반대에도 불구하고 일본 여자와 결혼했고,

조 씨는 두 사람의 사랑의 결과로 태어났습니다.

아버지와 일본인 엄마는 서로 참 사랑하였습니다.

그러나 주위의 따가운 시선 때문에

먼 시골 동네로 도망가 살아야만 했습니다.

일본인 엄마는 자상하고 친절하였으며, 항상 웃는 얼굴이셨습니다.

조 씨 아버지는 일본인 아내를 무척 사랑했습니다.

그러나 아내는 일본인이라는 신분 때문에

가는 곳마다 불화를 일으키고, 욕을 듣고, 돌을 맞으며,

심지어는 동네 사람들이 쳐들어와

아내를 마구잡이로 패기도 해 살기가 무척 어려웠습니다.

조 씨의 초등학교 입학식.

학교 문 앞까지 데려다 주신 엄마는 그 길로 사라져 버렸습니다.

분명히 재미있게 공부 잘 하고 돌아오라고

머리까지 쓰다듬으며 말씀하셨는데…,

분명히 날 사랑한다고 그 따뜻한 가슴으로 꼭 안아주셨는데….

조 씨는 그 날 이후로 엄마를 만나보지 못했습니다.

조 씨는 자기를 버리고 간 엄마를 이해할 수 없었습니다.

자기가 무엇을 잘못했는지 알 수가 없었고,
엄마가 가버린 다른 이유를 알려주는 사람도 없었습니다.
아버지는 매일 술만 잡수셨고,
배가 고파 조 씨가 울기라도 하면 소리를 지르고 때리기 일쑤였습니다.
조 씨는 억울했고, 아빠가 미웠으며,
자기와 아빠를 버리고 간 엄마를 증오했고,
엄마를 때리고 욕했던 주위의 사람들을 향해 분을 품었습니다.

조 씨는 무척 관계하기가 까다로운 사람으로 성장했습니다.
그는 상대하기 힘든 사람으로 커 갔으며, 괴팍한 사람이 되었습니다.
어쩌다 가깝게 지내게 된 사람이 있어도
반드시 상처를 입혀 멀리 떠나보냅니다.
약속 시간에서 일 초만 늦어도 일어나 가버렸고,
그 사람과 다시는 상종하지 않았습니다.
수시로 법을 바꾸고 룰을 어겼으며
아무 이유 없이 항상 권위에 반항하였으며,
어떤 모임에서든지 안티 그룹을 조성하여
기존 세력을 꺾는 데 에너지를 썼습니다.
자신이 마치 정의의 대사인 것처럼 모든 불의를 대적하며 살았습니다.
그러면서 매순간 그가 느끼는 한 가지 문제는
그 스스로는 하나도 정의롭지 못하다는 것이었습니다.

조 씨는 전통적인 한국 여성을 만나 결혼했습니다.
잘 웃지도 않고 상냥하지도 않았지만
자식과 가정밖에 모르는 그런 아내였습니다.
조 씨는 그런 아내가 좋았습니다.
그런 아내 밑에서 자라는 자식들이 보기 좋았습니다.
적어도 자기 엄마처럼 자식을 버리고 도망가지는 않을 것이라는
확신이 있었기에 상냥하지 않은 아내도 탓하지 않았습니다.

그러나 조 씨는 그런 아내와 그녀의 친정을
비판하는 사람으로 한평생을 살았습니다.
이상하게 아내를 비꼬고, 괴롭히는 것이 좋았습니다.
조 씨는 자기 자식에게 정을 주지 않았으며, 남처럼 행동했고,
마치 자기는 그 가정의 사람이 아닌 양
집에만 들어오면 안절부절못하며 이루 말할 수 없이 어색해했습니다.
조 씨는 그런 자기의 행동 때문에
아내가 집을 떠날 수도 있다는 생각에 사로잡히게 되었습니다.
그럼에도 불구하고 그는 아내를 놀리고 괴롭히는 것을 그칠 수 없었고,
아내의 가정을 비난하는 것도 멈출 수 없었습니다.
아이들이 성장하여 초등학교에 들어가는 날이 가까워지면 질수록
조 씨는 아내가 언제든지 아이들을 버리고
떠날 수 있다는 생각에 시달리며 살았습니다.

결국 그는 자기가 가정에서 떠나 살아야만
엄마가 아이들에게 붙어있을 것이라는
이상한 신념에 붙들리게 되었습니다.
그래서 오늘도 조 씨는 가정이 불편하다며 집 문을 나섭니다.
당신은 왜 항상 밖으로 도냐는 아내의 볼멘소리를 뒤로 하고,
오늘도 정처 없이 집을 나섭니다.
아이들을 살리는 길은 이 길밖에 없다는 마음으로….

사연은 풀리지 않은 감정 이야기입니다. 사연은 상처를 남기고, 그 상처는 아프다고 비명을 지르지요. 상처는 어느덧 생활 속에서 구체적인 관계의 모습으로 자신을 드러냅니다. 상처가 드러날 때마다 그 사람은 정상적인 사람으로 만들어져 가는 것이 아니라 비정상적인 모습으로 되어 갑니다. 상처를 드러내는 본래의 의도는 '나는 아픈 상처가 있는 사람입니다. 당신의 도움이 절실히 필요합니다. 저 좀 도와주세요!' 입니다. 그러나 상처가 있다고 도움을 청하는 방법이 비정상적이라 사람들은 그 상처가 아물도록 도와주기는커녕 더욱 큰 상처를 주고 맙니다. 그러므로 악순환은 계속되지요. 참으로 슬픈 현실입니다.

사연은 사람을 고립시키고, 고정시키며,
고장 난 사람으로 살게 합니다

사연은 묶인 말입니다. 사연은 묶인 말로 사람을 묶습니다. 사연에 묶인 사람은 사연의 세계에 갇혀 살지요. 그래서 사람들로부터 고립되고, 세상으로부터 고립됩니다. 세월은 흘러가는데 사연에 묶여 사는 사람은 그 때, 그 당시, 그 사건에서 벗어나지 못합니다. 마치 고장 난 레코드가 한 말 또 하고 한 말 또 하듯이 옛날 그 사연을 매일 반복하며 살아갑니다. 그러나 자기가 같은 이야기를 반복하는 줄 모릅니다. 매번 사람을 잃고 인생도 잘 풀리지 않은데 사연을 반복할 뿐 버릴 생각은 못합니다. 사연은 고장 난 이야기이기 때문에 사람을 망가뜨립니다.

마 씨의 시어머니는 남편의 바람기 때문에 한평생 속 썩으며 사셨습니다.
워낙 출중하시고 많이 배우시고 물질도 풍부했던지라
주위에 시아버지를 꾀는 여자들이 참으로 많았습니다.
시아버지 또한 그런 여자들의 꾐을 한껏 즐기셨습니다.

시어머니는 시아버지가 이 여자, 저 여자와 일을 저지를 때마다
돈으로 어르고, 경찰과 깡패로 협박하는 등 수단과 방법을 가리지 않고
시아버지의 뒤를 깨끗하게 하기 위해 애를 써 오셨습니다.
눈치는 채셨지만 모르는 척하는 편이 더 좋은지라

시아버지는 그 내막을 상세히 알려하지 않았습니다.
말썽을 피워도 일이 술술 잘 풀려나가니
바람을 피우지 않아야 하는 아무런 이유가 없었습니다.

이제 자녀들도 다 결혼하고, 두 분의 나이도 지긋해지시니
시어머니의 한은 봇물 터지 듯 쏟아져 나오기 시작했습니다.
앉기만 하면 시아버지 이야기요, 서기만 하면 바람피운 이야기입니다.
시아버지가 계시든지 말든지,
때와 장소와 사람을 가리지 않고 그때의 이야기를 쏟아내십니다.
눈물을 흘리며, 때론 소리를 지르며, 울다가 웃다가…
한번 쏟아내기 시작하면 미친 사람처럼 변해 버립니다.
시아버지가 얼굴이 뜨거워 자리에서 일어나 나가시려고 하면,
일어서는 분을 끌어 잡아 앉히며, 내 말 들어야 한다고,
끝까지 들어야 한다고,
너 때문에 망친 내 인생의 이야기를 들어야 한다고
고래고래 소리를 지르십니다.
자식들이 보기에 정말 딱한 노릇이 아닐 수 없습니다.

지친 식구들은 어머니에게 용서를 빌라고 아버지께 권유했습니다.
지치신 아버님도 이 사연을 끝내야겠다는 마음을 먹고
못 이기는 척 어머니께 용서를 빌었습니다.

"이제 그만 과거는 용서하고, 남은 인생 재미있게 삽시다.
당신이 수고한 것 내가 다 알아요.
이제부터 당신밖에 모르고 살 테니, 날 용서하고,
이제 옛날 이야길랑 그만 해요.
나도 마음이 아프고, 당신도 아프고,
아이들 보기에도 미안해서 더 이상은 안 되겠소."
이 말이 떨어지기가 무섭게 시어머니가 소리를 지르셨습니다.
"난 너를 용서 못한다. 난 널 용서 못해!
아직도 넌 네 죄가 얼마나 큰지 아마 모를 거다.
그러니까 그렇게 쉽게 용서해달라고 하지.
너 두고 봐라. 네가 죽는 날까지 괴로워하다가 죽을 테니까.
널 편하게 죽게 하면 내가 사람이 아니다. 내가 사람이 아니야!"

사연은 사람을 묶어 고장 나게 합니다. 정상적으로 느끼지 못하게 하고, 정상적인 생각을 못하게 하고, 정상적인 행동을 못하게 합니다. 사연이 심각하면 할수록 그 사람은 심각한 정신이상자로 살아가게 됩니다.

사연은 사람을 미성숙하게 만듭니다

사연은 풀리지 않은 이야기입니다. 실타래가 얽히고설켜 있듯이 사연은 자기 마음대로 뭉쳐 있는 말입니다. 그 말로는 어떤 새로운 사건도 풀어갈 수 없습니다. 사연의 말 자체가 풀리지 않는 언어이기 때문에 사건이 생길 때마다 풀지 못합니다. 말이 성장해야 사람이 성장하고, 말이 성숙해져야 사람이 사건을 성숙하게 해결해 나갈 수 있는데 말이 성장하지 않으니 미성숙한 사람으로 남게 됩니다.

아침마다 늦게 일어나는 남편 차 씨 때문에
부인 유 씨는 진저리가 납니다.
깨울 때는 안 일어나고 침대에서 뒹굴다가 허겁지겁 일어나
세수도 못하고 출근하는 모습이 너무 싫습니다.
어떤 방법을 써도 고칠 수가 없습니다.
큰아들은 스스로 일어나 가방 챙겨서 학교에 가는데 말입니다.

차 씨는 새벽 4시 정도가 돼야 잠이 쏟아지는 스타일입니다.
밤새 TV보고, 음악 듣고, 책 읽고 뒤척이다가 4시가 넘어야 잠이 듭니다.
그러니 출근할 시간이 되어 아내가 깨우면 일어날 수가 없습니다.
어릴 적부터 이것 때문에 아침마다 야단을 맞았지만
그 버릇은 전혀 고쳐지지 않았습니다.

차 씨는 둘째 아들입니다.
아버지가 장남이셨는지라 장남을 향한 아버지의 사랑은 특출했습니다.

둘째였던 차 씨는 특별한 대우를 받는 형이 너무 부러웠습니다.
형과 비슷한 경우에도 칭찬이나 격려나 권면이나 어떤 종류의 관심도
자기 차례가 되지 않아 너무 많은 상처를 입었습니다.
오히려 형을 질투하는 동생으로,
형과 경쟁하는 못된 동생으로 비쳐졌습니다. 사실은 그게 아닌데….
자기를 알아주지 않는 가족들에게 말할 수 없는 상처를 입은 차 씨는
형과 다른 사람이 되지 않으면 안 됨을 뼈저리게 느꼈습니다.

초등학교 3학년부터 차 씨는 말썽을 피우기 시작했습니다.
형이 살아가는 정상적인 코스를 벗어나
비정상적인 삶을 살기 시작했습니다.
청개구리가 했던 대로 모든 것을 다 반대로 했습니다.
차 씨는 청개구리라는 별명으로 살았습니다.

그러나 재미있는 사실은 형처럼 모범생이었을 때는
칭찬이나 관심도 없던 가족들이
말썽 피는 차 씨에겐 엄청난 관심을 주는 것입니다.
차 씨가 뭘 하는지, 어디에 있는지, 누구와 있는지,
밥은 먹었는지, 공부는 하는지 등등
온 식구들이 차 씨의 일거수일투족에 신경을 곤두세웁니다.
차 씨는 그것이 참 이상했지만 전혀 싫지 않았습니다.

차 씨는 온 가족과 친척들의 도움으로 가슴 부푼 결혼을 했습니다.
그는 정말 상상도 못할 좋은 여자와 결혼을 했습니다.
좋은 집안에서 자라났고, 모범생이었으며,
못하는 것이 없었고, 상냥했습니다.
차 씨는 유 씨를 정말 사랑했으며,
감지덕지해서 유 씨를 위하는 일이라면 어떤 일도 마다하지 않았습니다.

그러나 유 씨는 차 씨의 마음과 달랐습니다.
중매쟁이 말에 얼떨결에 맞선보러 나갔다가
호감이 가 결혼까지 하게 되었습니다.
그러나 막상 결혼하여 알게 된 차 씨는
가정 안에서 신뢰를 잃고 인정을 받지 못하는 청개구리였습니다.
유 씨는 모범생으로 살아온 자신이
그렇게 인정받지 못하는 사람과 살아야 한다는 사실이 너무 괴로웠습니다.
그래서 차 씨를 모범생으로 만들기 위해 매사 지적하고, 가르치고,
시비를 가려주기 시작했습니다.
유 씨는 말썽꾸러기 차 씨가 자기를 만나 변했다는 소리를
듣고 싶었습니다. 꼭 듣고야 말겠다고 단단한 결심을 했습니다.

차 씨는 분수에 넘치는 아내를 맞아
이젠 자기도 정신 차리고 잘 살아보겠다고 마음을 먹었습니다.

원래 형보다 못했던 자기가 아니니, 형보다 못났던 자기가 아니니,
언제든지 원하면 형처럼 모범생이 될 수 있다고 믿었습니다.
그러나 몸에 밴 습관이 잘 고쳐지지 않았습니다.

아내의 지적은 심해지고, 가르치는 소리는 잦아졌습니다.
초등학생 가르치듯 하는 아내가 점점 싫어졌습니다.
때론 아내를 놀라게 할 정도로 잘하는 일도 있었지만,
그때마다 당연한 것 가지고 뭘 그렇게 인정받으려고 하냐며
오히려 핀잔을 주는 아내 때문에 마음에 상처를 입었습니다.
아내는 알아서 척척 잘하는 남편보다
사사건건 가르침 받는 남편을 더 좋아한다는 사실을
차 씨는 피부로 느꼈습니다.
그래서 그는 모범생 되기를 포기했습니다.
자기 몸에 배어 있는 청개구리 생활을 고수하는 것이
아버지를 위해서도, 형을 위해서도,
또 모범생 아내를 위해서도 좋은 일이라고 믿었습니다.

사연은 사람을 붙들고, 사람을 성장하지 못하게 만듭니다. 사연은 올무가 되어 사람을 덫에 빠지게 하지요. 사연에 붙들려 사는 사람은 사연을 생산하며 자연적으로 미성숙하게 삽니다.

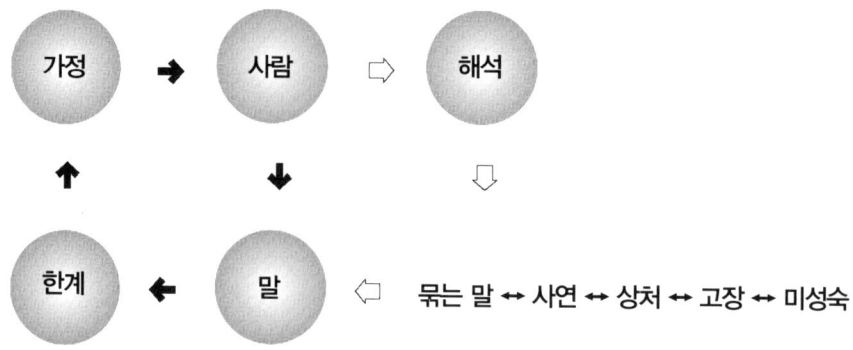

도표4. 묶는 말은 미성숙한 말입니다

도은미의 **1분 강의실**

"가정은 말로 풀리기도 하고 묶이기도 합니다"

1. 가정은 가족 구성원들이 붙들고 사는 이야기에 충실하게 움직인다. 따라서 가정 이해는 구성원들의 삶의 이야기를 이해할 때 가능하다.

2. 소위 '모국어'가 다르면 같은 사건을 두고도 해석하는 방법이 다르다. 가장 깊고 친밀하고 쉬운 언어인 모국어는 한 사람의 정체성 곧 그 사람이므로 모국어 이해는 사람 이해의 핵심이다.

3. 말은 내뱉은 주인을 위해 성실히 일하는 능력자다. 성도는 하나님께로부터 말의 권세를 위임받은 사람들로 말 한마디를 선포할 때마다 풀리는 역사도, 묶이는 역사도 일어난다.

4. 한 사람이 사용하는 말은 그 사람의 성숙도를 측정하는 좋은 도구다. 사건을 풀고 그 결과로 생명을 생산하는 푸는 말은 하나님의 생명을 전염시킨다.

5. 묶는 말은 사람을 묶고, 풀리지 않은 이야기인 사연을 만든다. 사연은 상처를 남기고 사람을 고립시키며 미성숙하게 만든다.

2부 사연의 활동

사연은 가정의실세입니다

1. 사연은 거짓 실세

사연은 사람이 살아가는데 가장 강력한 원동력이 되는 이야기입니다.
사연은 그 사람을 움직이는 실세, 즉 실질적이고 가장 강한 세력입니다.

사연은 보이지 않는 실권자입니다

명 씨는 가난한 농부 집안 출신입니다.
열심히 농사는 짓지만 항상 가난한 생활이 싫어 서울로 올라왔습니다.
아무 연고도 없었던 그는 무작정 상경하여 많은 어려움을 겪었습니다.
그러나 그는 "난 굶어 죽어도 시골로 돌아가지 않아.
난 절대 농사 짓지 않을 거야.
난 서울에서 성공할거야. 난 필히 성공한 사람이 될 거라고!" 하며
이를 악물고 어려움을 참아냈고, 가리지 않고 닥치는 대로 일했습니다.

명 씨는 매우 성실하게 살았습니다.

우연히 동네 자장면 집에서 일하게 되었는데
그 아저씨의 눈에 들어 자장면 만드는 기술을 배우게 되었습니다.
그는 성심을 다해 열심히 배웠고
얼마 안 가 그 동네에서 면을 제일 잘 쳐내는 사람이 되었습니다.
면이 맛있다는 소문이 쫙 퍼지자 자장면 집은 손님으로 들끓었고,
자장면 집은 날로 번창해 갔습니다.
주인아저씨는 명 씨를 매우 귀히 여겨주었고,
동네 예쁜 여자도 소개시켜 결혼도 하게 했습니다.

명 씨는 악착같은 사람이었습니다.
한번 마음먹으면 끝까지 해내는 사람이고,
자기가 시작한 것은 꼭 잘 돼야 한다는 법을 가지고 있는 사람입니다.
자기의 실수나 실패를 절대 용납하지 않고,
남의 실수나 부족도 쉽게 용납하지 않는 사람입니다.

그런 명 씨에 비해 아내 김 씨는 그렇지 않습니다.
안 되는 것도 없고, 되는 것도 없는 사람입니다.
매사에 착하고 부드러운 사람입니다.
바쁜 것도 없지만 안 바쁘지도 않습니다.
항상 뭔가 하고 있지만 딱 부러지게 뭘 하는지 알 수는 없는 사람입니다.
언제나 움직이고는 있지만

눈에 보이게 무엇인가 만들어 내는 사람은 아닙니다.
그래서 명 씨는 자기 아내를
'돈 안 되는 일만 골라 하는 여자'라고 부르고,
'빛 좋은 개살구', '헛 빵'이니 '공갈 빵'이니 하며 놀려댑니다.
그래도 아내 김 씨는 남편을 개의치 않고, 화도 내지 않습니다.

명 씨는 그런 아내가 답답하기도 하지만 고맙기도 합니다.
집안에서 자기를 왕이 되게 해 주는 아내니 고맙기 짝이 없습니다.
무조건 듣고, 절대 대꾸하지 않습니다.
자기를 '큰 사람'처럼 느끼도록 해 줍니다.
명 씨는 그것이 다른 어떤 것보다 좋습니다.
어려서 집을 뛰쳐나와 자장면 집에서 면 치던 사람인데,
갈 곳 없고 먹을 것 없어 벌벌 떨며 지내던 사람인데,
아내가 자기를 떠받들어 주니 그저 고마울 뿐입니다.
그래도 그런 마음을 아내로 하여금 알게 할 수는 없습니다.
무섭게 해야 계속 자기를 존중할 것이라고 생각되어
안타깝지만 고삐를 늦출 수는 없습니다.

명 씨는 아내가 정말 속이 있는 여잔가 싶어 화가 날 때도 있지만
자기에게 잘못된 반응을 하면 문제가 커질 것이 분명하니,
아내의 반응 없음이 오히려 감사하지 않을 수 없습니다.

살아있는 사람과 산다는 느낌이 없어 불만이지만
사랑하는 사람들이 살아가는 오순도순한 맛이 없어 불평이지만
그래도 자기 말이라면 꾸뻑 순종하는 아내가 갈수록 소중합니다.
명 씨는 무엇보다도 '큰 사람'이 되는 것이 너무 중요합니다.

아내 김 씨는 이상하리만큼 느긋합니다.
언제나 어디서나 전혀 급한 것이 없습니다.
밥 때가 되었지만 밥이 되어 있지 않아도 느긋하고,
출근하는 남편의 와이셔츠가 다려 있지 않아도 문제가 되지 않고,
아이들의 성적이 곤두박질쳤어도 속상해하지 않고,
남편이 사기꾼에게 돈을 빼앗겼다 해도 그 일로 급급해하지 않습니다.
다만 그런 일이 일어난 것에 대해 가만히 바라보고, 순간 미안해하고,
어쩔 수 없다는 듯 다음 순간으로 금방 넘어가는 그런 사람입니다.

아내 김 씨도 어려운 집안에서 자랐습니다.
부모가 일찍 돌아가셔서
삼촌 집에서 성장하면서 여러 가지 어려움이 많았습니다.
숙모의 성질이 보통이 아니어서
소리소리 지르고 야단치는 일이 잦았습니다.
그럴 때마다 김 씨는 대들지 않았으며, 항상 뒤로 물러섰습니다.
부모 없는 자기를 거둬 키워주는 것만도 너무 감사하고,

미워하고 마음 아파하기 시작하면

걷잡을 수 없는 자기의 마음을 알기 때문에

김 씨는 항상 마음을 다스리고, 보호하고, 정리하고, 뒤로 물러섰습니다.

김 씨는 어떤 일에도 조급해하지 않습니다.

누가 야단을 치면 맞아야 하고,

잘못이 지적되면 변명하지 말고 고쳐야 하고,

억울한 일이 있어도 절대 부딪히지 않는다는

철저한 철학으로 살아가는 사람입니다.

김 씨는 자기 스스로를 '작은 자', '힘없는 자'라고 명하며 살아갑니다.

싸우고 대응하고 부딪히면 살 수 없다고 되뇌며 살아갑니다.

자기를 보고 착하다고 하지만, 김 씨는 압니다.

착해서 그런 것이 아닌 것을.

약자의 생존은 강자에게 달렸다는 사실을

철저히 피부로 느낀 사람이기에 오늘도 김 씨는

남편의 질타나 비아냥거림, 비판이나 지적에 절대 반응하지 않습니다.

혹시 반응하면 맞서 싸워야 할까 봐.

혹시 반대라도 하면 자기를 나타내야 하니까.

혹시 그런 일이 일어나면 아플까 봐. 그러면 더 어려워질까 봐.

혹시 질문이 시작되면 정말 살 수 없을 것 같아서

그러면 정말 죽어야 할 것 같아서.
오늘도 김 씨는 '작은 자'의 자리를 철저히 지키며 살아갑니다.

사람은 무엇인가 성취해야 하는 목적이 있어 그것으로부터 힘을 얻어 움직입니다. 사연은 사람이 살아가는데 가장 강력한 원동력이 되는 이야기입니다. 사연은 그 사람을 움직이는 실질적이고 가장 강한 세력입니다.
손가락을 칼에 베면 그 손가락 하나 때문에 온 몸이 그 곳에 집중하느라 다른 일을 하지 못합니다. 그와 비슷한 것이 사연의 힘입니다. 사연이란 무엇인가에 의해 베임을 당한 후 흐르는 피를 어찌 수습할 줄 몰라 계속 피를 흘리는 것입니다. 흐르는 피를 멈추게 하는 것이 사연자의 삶의 목적이요, 도착점입니다. 또 다른 합병증들이 연속으로 발견되어서 피를 흘리지 않는 상태를 상상할 수 없습니다. 사연은 생활을 움직이는 가장 실질적이고 강력하고 악한 원동력입니다.

명 씨와 그의 아내를 움직이는 원동력은 자신들의 사연입니다. 그 사연이 인생의 방향, 목적, 도착점입니다. 다른 것은 모릅니다. '큰 자'가 되어야 한다는 원동력이 명 씨를 움직이고, '작은 자'가 되어야 생존할 수 있다는 원동력이 그의 아내를 움직입니다. 사람은 그냥 살 수 없습니다. 무엇이라도 그 사람을 움직이는 힘이 있어야 합니다. 그 힘이 사연입니다. 가장 강력하고 실질적인 세력입니다.

사연은 진리가 아니라 자기 이야기입니다

어떤 이야기가 진리가 되기 위해서는 모든 사람에게 맞고, 모든 사람에게 일관되게 적용되어야 합니다. 그래서 아무 말이나 진리가 될 수 없습니다. 비록 사실에 의거한 말이라 할지라도 진리는 아닐 수 있습니다.

특별히 개인의 사연은 진리가 아닙니다. 거짓말이라고는 할 수 없지만 절대 진리는 아닙니다. 당사자에게는 앞뒤가 맞고 논리가 정연한지 몰라도 듣는 사람에겐 그렇지 않을 수 있는 것이 사연이라는 이야기입니다. 그래서 사연은 진리가 아닙니다. 모든 사람에게 다 적용되지도 않으며, 모든 시대에 반영되지도 않지요.

사연은 자기가 만들어낸 이야기입니다. 만들었을 뿐 아니라 직접 연출하고, 주인공이 되어 엮어 나가는 이야기입니다. 그러니 얼마나 소중하겠습니까? 또 얼마나 집착하겠습니까? 사연은 토시 하나도 버리기 아까운 자기 이야기입니다.

문제는 사연이 자기가 만든 이야기이기 때문에 다른 사람들의 공감을 쉽게 얻어내지 못한다는 것입니다. 객관성을 띠고 만들어진 이야기가 아니라 처음부터 끝까지 주관적으로 꾸며진 자기 이야기이기 때문에 사연은 공적인 이야기가 되지 못하는 것입니다. 그래서 사연자의 심각한 이야기를 상대방은 하나같이 신통찮게 반응합니다. 사연자는 이 때문에 비명을 지르고, 병들고, 때론 죽음을 시도하기도 합니다.

사연은 가짜 이야기입니다

'토끼와 거북이' 이야기를 아실 것입니다. 토끼가 거북이에게 누가 이기나 경주를 하자고 합니다. 거북이는 뛰는 존재가 아닙니다. 기어 다니는 존재이지요. 생물들 중에서도 가장 느리다는 존재입니다. 정말 말도 안 되는 구성입니다. 더더욱 웃긴 것은 경주 도중에 토끼가 하차해 낮잠을 잔다는 것입니다. 얼마나 오래 잤기에 거북이가 도착점에 도달하여 승리의 깃발을 들고 멋있는 포즈를 취하기까지 했겠습니까? 그 결과로 토끼가 기는 거북이와의 경주에서 졌다는 이야기입니다.

정말 가짜도 이런 가짜 이야기가 있겠습니까? 그러나 모든 이야기가 그렇듯이 토끼와 거북이 이야기도 교훈 하나 얻자고 만들어낸 것입니다. 그런 이유에서 이야기의 구성 자체가 가짜임에도 불구하고 전혀 문제가 되지 않습니다. 이야기는 교훈 하나 얻자고 만드는 것입니다. 꼭 기억하십시오.

그 이야기의 구성이 가짜라도 문제가 안 되는 것은 그 이야기는 '게으르면 안 된다' '끝까지 하는 사람이 이긴다' '겸손하라' '한눈팔지 마라' '포기하지 마라' 등 삶을 성장시킬 수 있는 중요한 교훈 하나를 얻고자 만든 것이기 때문입니다. 일단 교훈을 얻었으면 그 이야기는 흘려보내야 합니다. 그것이 이야기의 질서입니다.

이야기가 중요한 것이 아닙니다. 그 이야기가 주고자 하는 교훈이 중요합니다. 거북이와 토끼는 경주할 수 없습니다. 이 이야기 자체가 가짜입니다. 그러나 기억하십니까? 이야기는 교훈 하나 얻자고 만든 것이기에 우리는 그 이야기의 진실성과 타당성은 따지지 않습니다. 그것을 따지는 사람이 있다면 오히려 이상한 사람으로 취급됩니다.

'개미와 베짱이' 이야기도 마찬가지입니다. 이 이야기도 교훈을 얻자고 만든 것입니다. '일 할 수 있을 때 일하라' '기회가 왔을 때 포착하라' '일하고 싶어도 일할 수 없는 때가 온다는 사실을 명심하라' 등 여러 가지 교훈일 수도 있습니다. 사람마다 얻어내는 교훈은 다를 수 있습니다. 중요한 것은 어떤 교훈을 얻든지 교훈 하나 얻고 개미와 베짱이 이야기는 흘려 보내야 한다는 것입니다. 개미는 겨울에도 사는지 몰라도 베짱이는 여름 한 철 사는 곤충이니 겨울에 개미집을 두드릴 필요가 없기 때문입니다. 그의 이름이 베짱이인 것도 그 때문이지요. 겨울에 살지 않는 베짱이니 여름에 놀고 일하지 않아도 전혀 문제가 없습니다. 결국 베짱이가 진짜 게으른 것이 아니라 그 이야기 구성이 가짜지요.

문제는 겨울에 살지도 않는 베짱이를 겨울에 사는 것으로 설정한 이 가짜 이야기를 진짜처럼 받아들이는 경우입니다. 모든 이야기는 한 가지 교훈을 얻고자 함인데 이야기 속에서 교훈은 얻지 않고, 그 이야기 자체를 진리로 받아들입니다. 그러면 문제는 시작되지요. 이야기 자체가 중요해지면 그 이야기의 토시 하나도 없어지거나 변경되면 안 되기에 모든 에너지가 이야기 보존에 쏠립니다. 상대방이 들어서 언뜻 납득되지 않는 이야기인데도 그 구성을 더욱 완벽하게 해서 납득시키느라 애를 씁니다. 이야기가 완벽해지도록 보태고 빼며 강화 작업을 쉬지 않습니다. 그렇게 완성

된 이야기는 쉽게 풀어지지 않습니다. 그 이야기 자체가 너무 중요하게 되어 교훈 하나 얻기에는 너무 아깝습니다. 그래서 미련하게도 사람들은 교훈보다는 이야기를 붙들고 살아가게 됩니다.

 '토끼와 거북이' 이야기나 '개미와 베짱이' 이야기처럼, 사연도 그 이야기 자체를 붙들면 풀리지 않습니다. 사연 자체가 '풀리지 않은 이야기'이기에 그 이야기를 붙들고 살아가는 사람 또한 풀리지 않는 것은 당연합니다. 이야기를 만든 자는 교훈 하나 뽑고 이야기는 흘려보낼 줄 알아야 진정한 지혜자가 되는 것입니다. 교훈은 짊어지기에 가볍고 삶에도 유익하지만 이야기는 짊어지기에도 버겁고, 삶에 유익하지 않습니다. 그냥 해로울 뿐입니다.

2. 사연에 성실한 사람들

사연에 성실한 사람은 사연이 힘을 갖도록 돕습니다.
힘을 가지게 된 사연은 곧 사람을 움직이는 참으로 큰 세력으로 돌변합니다.

사람들은 사연에 성실합니다

사연은 자기가 쓴 이야기입니다. 자기에게는 맞는 이야기지만 다른 사람에게는 맞지 않을 수 있습니다. '난 당신한테 상처를 받았다'고 말할 수 있지만 상대방은 그 자체를 부인하며 '난 상처를 준 일이 없다'고 말할 수 있기 때문입니다. '난 항상 피해를 입고 살았다'고 말하는 언니의 말에 '언니가 무슨 피해를 입었어? 큰딸로 태어나 좋은 것은 혼자 다 누렸으면서. 정작 피해 입은 사람은 나라고'라고 반응할 수 있습니다. 그러면 서로가 억울하다고 느낍니다. 그래서 각자 자기가 맞음을 증명하기 위해 이야기 강화 작업을 시작합니다. 보태고 빼고 곱하고 나누고…. 관계만 악화될 뿐이지요. 사연은 자기에게 절대적 진리가 되는 말입니다. 그래서 어떤 경우에서도 포기할 수 없습니다. 혹 자기가 불리해지거나 억울하다고 느끼면 이미 관계가 멀어진 상태에서 사연 강화 작업을 더욱 강화시킬 뿐입니다. 관계는 더욱 멀어지고 악화될 뿐입니다. 사연이 강화되는 만큼 관계의 거리는 멀어지는 것입니다.

자신에게는 진리인 사연이 다른 사람에게는 가짜 이야기로 받아들여질 수 있다는 사실 때문에 사연이 있는 사람마다 자기 사연에 매우 성실합니다. 사연에 성실함으로 자기의 사연이 진리임을 나타내려는 것이지요. 사연에 성실함으로 사연이 진리임을 증명하려는 노력입니다. 다른 사람의 것은 몰라도 내 사연만은 진짜임을 증명하기 위해 혼신을 다해 사연에 성실하게 살아갑니다.

'성실하다'는 말은 '반복적인 행동을 일관성 있게 행함으로 맡겨진 일을 이루어 가는 행동'을 의미합니다. 어떤 사람이 '성실하다'는 말은 그 사람에게 맡겨진 일은 반드시 이루니 신뢰해도 된다는 뜻이기도 합니다. 맡겨진 일은 틀림없이 이룬다는 뜻으로 그 사람이 성실하다고 합니다. 그래서 성실한 사람은 미래 지향적이 아니라 과거 지향적이란 말을 많이 듣습니다. 현실에 충실하지만 미래를 내다보는 융통성과 창조성은 결여될 수 있는 사람들이지요. 시키는 대로 틀림없이 이루어내니 신뢰할만하나 앞을 내다보는 안목이 결여되어 미래를 의논할 대상은 못될 수 있습니다. 의논된 미래를 성취하기 위해 총무를 맡길 수는 있겠지요.

원래 '성실'이라는 특성은 하나님의 성품을 나타내는 말입니다. 성경 예레미야 애가 3장 22-23절에 이런 말씀이 있습니다.

여호와의 자비와 긍휼이 무궁하시므로

우리가 진멸되지 아니함이니이다

이것이 아침마다 새로우니 주의 성실이 크도소이다

성경적 언어로서의 성실은 하나님의 성품 중 하나입니다. 이는 매일 새롭게 일하시는 하나님의 성품을 나타내는 말입니다. 어제 했던 일을 반복하시는 분이 아니라 매일 새롭게 일하시는 일관성을 의미하는 말입니다. 어제의 일을 반복하는 것이 아니라 창조성을 가지고 새롭게 행하는 것입니다. 목적을 이루기 위해 매일 새로운 방법을 동원하여 그 일을 이루어 가는 그런 일관성을 의미합니다. 방법의 일관성이 아니라 영성과 방향성과 목적성의 일관성을 의미하지요.

흥미롭게도 사람들은 새롭게 이루어 가는 일관성에 관심을 두지 않고, 오히려 습관적으로 과거의 일을 지속적으로 행하는 것에 관심을 집중합니다. 그것이 성실인 줄 알기 때문입니다. 사연을 가진 사람은 특별히 과거를 반복하는 일에 성실합니다. 사연 때문에 고생하면서도 사연을 더욱 강화하는 작업만 반복합니다. 사연에 성실함으로 그 사연이 더욱 강화되고, 사연은 힘을 얻어 사람을 조정합니다. 사람이 사연으로 작동되지요. 그래서 사연이 팔자가 됩니다.

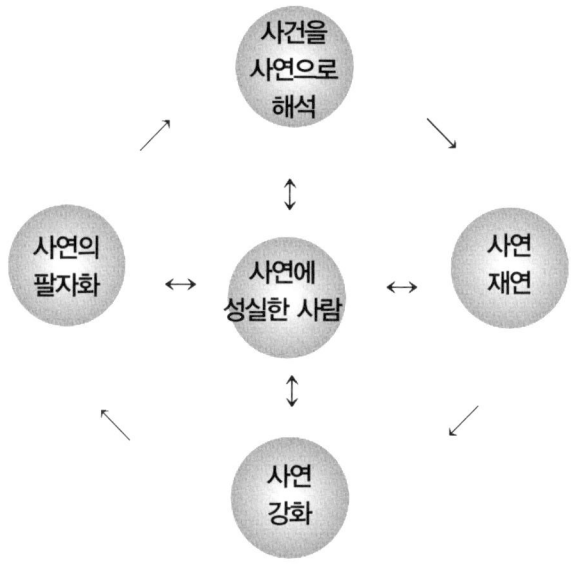

도표 5. 사연에 성실하면 사연이 팔자가 됩니다

　사람들은 노래, 그림, 소설 심지어 연속극까지도 자기의 사연과 비슷한 것을 좋아합니다. 옷의 색깔도 사연에 맞게 입고, 머리도 사연에 맞게 가꿉니다. 가난한 사연을 가진 사람은 아무리 부자라도 성실하게 가난하려 합니다. 자기 스스로 부자라고 생각하는 날 자기는 망한다고 생각합니다. 가난하게 차려 입고, 가난한 사람처럼 먹고, 가난한 사람처럼 행동합니다. 매 순간 자기가 얼마나 가난한지를 증명하려고 애씁니다. 마음이 상한 사람은 옷 색깔도 어두운 것으로 선택하고, 먹을 때도 처량하게 먹습니다. 먹는 것도 사연에 의거하여 먹고, 마시는 것도 사연에 의거하여 마십니다.

생활의 어느 것 한 가지도 자신이 붙들고 사는 사연과 무방한 것이 없습니다. 그래서 그 사람의 생활 자체가 온통 사연으로 뒤범벅이 됩니다. 한마디로 그 사람의 생활이 사연입니다. 그러니 무슨 방법으로 사연으로부터 해방되겠습니까? 날로 더 완벽한 사연을 만들어 가는데, 날로 더 강화된 사연이 되어 가는데 무슨 방법으로 사연으로부터 자유로운 자가 되겠습니까? 날이 가면 갈수록 사연이 힘을 얻어 사람을 조정하는데 어떻게 새로운 날을 맞아 새롭게 해석하며 살아가겠습니까? 사연 때문에 힘들게 살면서도 사연에 성실하게 살아가니, 사연은 참으로 실질적인 세력이 아닐 수 없습니다. 한 번 더 강조합니다. 사연에 성실한 사람은 사연이 힘을 갖도록 돕습니다. 힘을 가지게 된 사연은 곧 사람을 움직이는 참으로 큰 세력으로 돌변합니다.

어느 신문에 이런 짧은 글이 실려 제 관심을 끌었습니다. 유행가 작곡자들이 모이는 모임인데, 그 모임에 '노랫말 연구회' 라는 것이 있다고 합니다. 그 연구회에서 이런 부제를 붙여 글을 소개했습니다. '슬픈 노래를 부른 가수들은 일찍 요절했거나 슬픈 운명의 길을 걷고 있다.' 내용은 다음과 같습니다.

> 1926년 현해탄에서 연인이었던 극작가 김우진과 함께
> 투신 자살을 한 한국 최초의 여가수 윤심덕은

'사의 찬미' 라는 노래를 마지막으로 부르고 죽어버렸다.
'애수의 소야곡' 등 많은 히트곡을 남긴 남인수 씨는
1962년 '눈감아 드리오리' 라는 노래를 마지막으로 남기고
41세라는 한창 나이에 세상을 떠나 버렸다.

영원불멸의 가수 이난영은
영원불멸의 노래 '목포의 눈물' 을 부른 후
슬픈 인생을 살다가 가슴앓이 병으로 49세에 숨졌다.

1968년 가을, 29세라는 한창 나이에
뇌염증으로 요절한 차중낙은
'낙엽처럼 가버린 사랑' 을 마지막으로 부르고 죽었다.

골수암으로 숨진 양미라는
'흑점' 이라는 노래를 남겼는데
그 노래의 가사,
'태양의 흑점처럼 어두운 내 마음' 이라는 구절에서
이미 암의 불길한 징조를 말하고 있는 것 같다.

1985년 폐결핵으로 숨진 김정호는
이미 죽음을 예견한 듯 '간다 간다 나는 간다' 라는 가사의

'님'이라는 노래를 마지막으로 부르고
33세의 젊은 나이에 죽었다.

자기가 즐겨 부르는 노래대로 인생을 마무리 짓는다면 누가 감히 좋다는 이유 하나만으로 아무 노래나 18번으로 부를 수 있겠습니까? 자신이 즐겨 부르는 노래가 인생에 영향력을 미쳐 결국 자기를 죽게 한다면 누가 감히 슬픈 노래를 부르겠습니까. 그러나 기억하십니까? 사연을 가진 사람마다 사연에 성실하다는 사실을. 사연이 자기를 힘들게 한다는 사실을 알면서도 성실하게 사연을 붙들고 사는 사람들이 너무 많습니다. 사연이 죽음을 초래한다 해도 그 노래를 18번으로 정해 즐겨 부르고 있는 것이 사연을 가진 사람들의 현실입니다. 너무 안타깝고 너무 슬프지 않습니까. 사연은 참으로 무서운 실세입니다. 사연은 참으로 사람을 죽음으로 몰고 가는 가장 강한 원동력입니다. 사연은 참으로 무서운 세력입니다.

실세인 사연에는 실학이 있습니다

사연은 실세입니다. 사연의 언어는 어리석은 언어가 아닙니다. 나름대로 논리가 정연하고 날카로우며 모든 비판에 대응할 '대비 언어'를 갖추고 있습니다. 그냥 좋은 게 좋은 것이라고 넘어가지 않는 언어가 사연입니다. 자기 사연에 의거한 철학이나 원칙에 맞지 않으면 어떻게 해서든지 문제를 제기하고 해결을 봐야하는 고집스런 언어입니다. 매 상황마다 무엇이 옳으며 무엇이 그른지 그 '기준 언어'를 가지고 있고, 사건을 해석하는 가장 적절한 '풀이 언어'를 소유하고 있습니다. 사연에 의거한 실질적인 단어들을 개인 사전에 담아 생활 가운데 일어나는 모든 일을 그 사전에 기입되어 있는 언어만을 사용하여 풀어갑니다.

사연은 자기 사연에 맞는 말만 골라 언어를 구축합니다. 사연에 걸맞은 언어로만 자기의 개인 사전을 채웁니다. 개인 사전에 기록되지 않은 언어들은 생활 속에서 철저히 배제되기에 자연적으로 사연은 강화됩니다. 시간이 지남에 따라 한 사람의 언어는 그 사람을 더욱 뚜렷이 나타내는 장이 됩니다. 그래서 말로 그 사람을 알 수 있게 됩니다.

너무 예쁘게 생긴 여동생 때문에
장녀 이 씨는 항상 외모적 열등감에 싸여 살았습니다.
집에 오시는 손님마다 첫눈에 동생의 예쁨과 귀여움에 반해,
모든 관심이 동생에게로 쏠리는 것은 너무 자연적이고 당연합니다.
아무리 인사를 잘하고, 아무리 공부를 잘하고,
아무리 손재주가 많고, 아무리 영리해도
할 줄 아는 것이라곤 예쁘게 웃는 것 하나밖에 없는 동생으로부터
부모와 사람들의 관심을 뺏어올 수 없었습니다.
예쁘다는 것 때문에 아무 수고 없이 사랑과 관심을 독차지하는 동생이
이 씨에게는 이루 말할 수 없는 짐이었고, 참으로 큰 적수였습니다.

이 씨는 외모적 열등감에 싸여 살아갔습니다.
초등학교 때 친구들이 동생을 보면 마스코트 같다고 아우성이었고,
중학교 때는 친구들이 동생을 보면 영화배우 같다고 난리를 쳤으며,
고등학교를 다닐 때는 동생을 소개해 달라는 친구들이 줄을 섰고,
어느 날부턴가 이 씨는 동생에게 보내는 연애편지를 전달하는
배달부가 되어 살았습니다.
동생이지만 정말 밉고, 정말 싫고, 정말 꼴불견이었습니다.
얼굴에 흉터라도 내면 속이 시원할 것 같은 마음으로 살았습니다.
동생이지만 때론 정말 죽어 없어졌으면 좋겠다는 마음도 들었습니다.

그렇지만 마음과 달리 이 씨는 사람들 앞에서
동생을 철저히 보호하는 사람으로 살았습니다.
동생을 끔찍이 아끼는 언니로 살아갔습니다.
어쩌다 동생이 피해라도 입을라치면
당장 달려가서 대신 싸워주고 연약한 동생을 구해줬습니다.
이 씨는 동생에게 없어서는 안 될 충실한 보디가드였습니다.
그러나 이 씨는 그런 자기 모습이 정말 싫었습니다.

장녀 이 씨는 동생에 대한 열등감이 심해져 갈 때마다
스스로 자기 마음을 달래야 했습니다.
"미인이 공부 잘하는 것 봤어?"

"나이 들어봐, 그 사람이 그 사람이지.
　평범한 게 좋은 거야. 늙어서 충격도 덜 해!"
"성공한 사람 중에 얼굴 잘 생긴 사람 봤니?
봤다면 희귀 케이스야, 희귀 케이스!
연예인들? 야, 그 사람들이 무슨 성공한 사람들이냐?
얼굴 값 하느라고 이혼 두세 번은 보통 아니니?
돈은 벌었어도 사생활이 문란한 사람들을 성공했다고 말할 수 없어!"

이 씨는 친구들과 다른 주제로 대화를 하다가도
'미인⇒ 머리에 든 것이 없는 사람⇒ 사생활이 문란한 사람⇒ 실패자'
라는 공식으로 마무리를 짓습니다.
그녀는 얼굴만 예쁘고 아무 것도 할 줄 모르는 여자와 결혼한 남자들의
불행한 결혼 생활을 열심히 선전합니다.
그녀는 참으로 많은 실패 케이스들을 알고 있었습니다.
미인의 실패 케이스를 말할 때면 이 씨는 힘이 절로 솟았고,
날이 새는 줄도 모르고 그 이야기를 펼쳐나갔습니다.

반면에 동생에게 언니 이 씨는 우상이었습니다.
싫은 남자가 불편하게 할 때마다 언니한테 말하면
즉각 해결해 주었습니다.
누구도 자기를 함부로 대하거나 건드리지 못하는 것은

힘세고 똑똑하고 공부 잘하고 만능해결사인 언니 때문이었습니다.
동생은 언니가 참으로 자랑스러웠습니다.
동생은 언니가 "미인이 공부를 못 한다"는 말을 수없이 했어도
언니가 자기에 대해 말하는 것이라고 생각해 본 적이 없습니다.
동생이 보는 언니는 자기보다 훨씬 월등한 미인이었기 때문입니다.
자기는 공주같이 귀엽지만
언니는 왕비처럼 품위가 있는 미인이었습니다.
언니는 미인이면서 공부도 잘하는데,
왜 그런 말을 하는지 알 수가 없었습니다.
언니는 미인에다 공부도 잘하고 힘도 세고
문제도 척척 잘 해결하는 팔방미인인데,
왜 미인이 머리가 비었다고 하는지 동생은 감을 잡을 수가 없었습니다.

사람들이 자기에게 관심을 쏟는 이유는
자기가 너무 약하기 때문이라고 동생은 생각했습니다.
언니처럼 단호하지 못하고, 언니처럼 똑똑하지 못해서
사람들이 자기를 가지고 노는 것이며, 놀리는 것이라고 생각했습니다.
동생은 언니에게 말로 다 할 수 없는 열등감을 느끼며 살아갔습니다.
그리고 항상 이렇게 말했습니다.
"세상은 참 불공평해!
왜 한 사람은 모든 것을 다 가졌고,

다른 사람은 아무 것도 가진 것이 없는 거야?
하나님은 안 계신 게 틀림없어.
이 세상에서 나 만큼 불행한 아이는 없을 거야.
아, 난 참 불행한 아이야!"

사람마다 자기의 사연에 붙잡혀 살아갑니다. 사람마다 붙잡혀 사는 그 사연에 성실합니다. 사연에 성실한 사람은 사연에 어울리는 말만 골라서 합니다. 이제 사연은 구체적인 힘을 얻고, 실질적인 세력으로 그 사람의 인생철학을 구축해 갑니다. 이를 실학이라고 합니다. 실학을 얻는 순간 사연은 체계화됩니다. 그러면 절대로 무너지지 않습니다. 세월이 흐르면 흐를수록 실학이 된 사연은 언제라도 또 누구에게라도 자기가 무엇 때문에 살아가는지, 왜 그렇게 살아가는지, 무엇 때문에 그렇게 해석하는지를 물으면 조금의 의심도 없이 확고한 대답을 줄 수 있습니다. 사연이 그 사람이 됐습니다.

실세인 사연은 실황을 조성합니다

사연이 있는 사람은 새로운 상황이 벌어져도 사연의 언어로밖엔 해석하지 못합니다. 그 결과 어떤 새로운 사건, 상황, 사물, 사람도 사연과 연결되지 않는 것이 없습니다. 그래서 원치는 않지만 옛 사연이 재현되는 경우를 필히 경험하지요. 내 팔자는 왜 이런지 모르겠다고 한탄하지만 이유는 단 한 가지, 즉 그 사람이 사건을 해석하는 언어가 매번 사연의 언어와 같기 때문입니다. 사연에 의거하여 구축된 언어가 매번 똑같은 방법으로 상황을 해석하니 사연이 재현되지 않을 방법이 없습니다.

조 씨의 아버지는 그녀가 12살 되었을 때 갑자기 돌아가셨습니다.
씩씩하게 높은 사다리에 올라가서 껄껄 웃으시며
재미있게 전기를 고치시던 아버지가
갑자기 신음소리 같은 "아" 소리를 내시더니
사다리에서 떨어져 뇌진탕으로 즉사하셨습니다.
사다리 밑에서 아버지가 시키는 대로 사다리를 잡으며
깔깔거리던 조 씨는
피를 흘리며 죽어가는 아버지를 바라보고 아무것도 하지 못했습니다.

조 씨는 자기가 뭘 잘못했는지 아무리 생각해도 알 수가 없었습니다.
도대체 아버지가 다리에서 왜 떨어지셨으며,
또 그 자리에서 즉사하셨다는 것이 도저히 용납되질 않았습니다.
엄마는 "저 년이 아버지를 죽였다"고 소리치며 우셨지만
조 씨는 너무 놀라고 너무 억울해서 울지도 못했습니다.
울면 아버지가 죽은 것이 정말 자기 잘못 때문인 것처럼
보이게 될까 봐 울지 않았습니다.

아버지를 죽이고도 눈물 한 방울 흘리지 않는다는
엄마의 소리치는 말을 들으면서도
왠지 절대 울면 안 될 것 같은 마음이었습니다.

조 씨의 엄마는 아버지가 돌아가신 이후로
6개월 동안이나 우울증에 시달리며
집안도 돌보지 않았고, 자식들도 돌보지 못했습니다.
어쩌다 엄마가 조 씨와 눈이라도 마주치면
때리고 욕을 하며 "이 죽일 년!" "이 망할 년"이라며
소리 소리를 질렀습니다.
조 씨는 자기가 왜 그런 소리를 들어야 하는지 알 수 없었지만
자기가 뭐라고 대응이라도 하면 혹시 엄마까지 돌아가실까 봐
아무 말도 하지 못했습니다.
그리고 절대 울지 않으려고 애썼습니다.
자기에게 잘못이 없다는 것을 증명하느라고.

그러던 어느 날 엄마는 어디론가 가버리셨습니다.
남겨놓은 편지 속에는 '날 찾지 마라', '날 원망하지 마라'는
두 마디뿐이었습니다.
갑자기 돌아가신 아버지를 위해 제대로 한 번 울어보지도 못한 상태인데,
종이 한 장 남기고 없어진 엄마 때문에 조 씨는 엄청난 충격을 받았습니다.

닭똥 같은 눈물을 흘리며 소리 높여 우는 아홉 살짜리 남동생 때문에
조 씨는 엄마가 떠나간 순간에도 울지 못했습니다.
"내 잘못이 아니야! 난 잘못한 것이 없어. 난 최선을 다했다고!"
이 순간에도 조 씨는 자기를 위로하는 다른 말을 찾을 수 없었습니다.
우는 동생의 눈물을 닦아주며,
조 씨는 하염없는 걱정으로 앞이 캄캄했습니다.
"이번엔 내가 또 무엇을 어떻게 잘못했기에 엄마가 떠나셨나?
이 동생은 언제 내 곁을 떠날려나?"

조 씨는 웬만하면 잘 웃지 않습니다.
조 씨의 웃는 얼굴을 본 사람은 거의 없습니다.
조 씨가 웃고 있을 때 아버지가 돌아가셨으니까.

조 씨는 절대 누구하고라도 눈을 마주치지 않습니다.
눈만 마주치면 "죽일 년, 망할 년" 하시던 엄마가 생각나서.
혹시 눈이 마주친 그 사람이 자기를 싫어해 떠나갈까 봐.
친한 사람일수록 그리고 마음에 드는 사람일수록
조 씨는 절대 눈을 쳐다보지 않습니다.

조 씨는 오늘도 굳은 얼굴로 열심히 일하며 살아갑니다.
동생을 먹여 살리고 공부시키기 위해 열심히 일합니다.

조 씨는 동생과 대화하지 않습니다.

동생을 향해 한 번 웃어 본 적도 없습니다.

동생이 필요하다는 것은 다 해 주고, 무슨 수를 써서라도 다 채워 주지만
동생을 친하게 대하지 않습니다.

초죽음이 되어 직장에서 돌아오고, 무거운 몸으로 침대에서 일어나
아무 생각 없이 밥 지어 놓고 집 치우고 곧장 일터로 달려갑니다.

그래야만 별다른 불상사가 일어나지 않는다는 신념을 붙들고.

그래야만 동생이 자기를 떠나지 않을 것이라는 신념 한 가지 때문에.

그날도 힘든 몸을 이끌고 밤늦게 직장에서 돌아왔습니다.

그런데 집안에 동생의 인기척이 없는 것입니다.

그 순간 조 씨는 몸이 굳어져 가는 것을 느꼈습니다.

겨우 정신을 차려 눈을 돌려 집안을 훑어보니

상 위에 하얀 종이 한 장이 놓여 있는 것이 아니겠습니까?

순간 섬뜩한 생각이 스쳐가면서 조 씨는 그 자리에 얼어붙어 버렸습니다.

뭘 또 잘못했지? 이번에 동생은 왜 나를 떠난 거지?

이런 생각이 연거푸 지나갔을 뿐입니다.

그 이후로 그녀는 거기서 정지해버렸습니다.

상 위에 놓여 있는 종이에는 큰 글씨로 이렇게 써 있었습니다.

"누나, 나 종구네 가서 숙제하고 올게. 그룹 숙제라 같이 해야 해.

11시까지는 돌아 올 거야! 나 저녁 먹었어. 걱정하지 말고 먼저 자."

사연은 반복적으로 같은 상황을 만들어 갑니다. 사연의 언어가 그렇게 해석하기 때문에 다른 상황이라도 똑같은 언어를 통해 똑같은 상황을 조성해 갑니다. 그러므로 시간이 지남에 따라 사연을 해석하는 언어는 더욱 강화되고, 날이 갈수록 더욱 드라마틱해집니다. 실황중계를 멈추어야 하는데 연출자가 직접 카메라를 메고, 해설까지 덧붙이니 다른 이야기를 엮어 낼 수 있는 방법은 없습니다.

실세인 사연은 꼭 실천합니다

사연을 가진 자마다 성실함으로 사연을 강화해 나갑니다. 그래서 사연보다 실천력이 강한 언어는 없습니다. 실천하지 않으려고 해도 사연의 언어가 성실하게 일함으로 실천하게 합니다. 더 이상 사람이 사연의 주인이 아니라 사연이 사람의 주인입니다. 사연이 주인 되어 사람을 성실히 이끌어 가지요. 사연의 언어를 사용하는 한 그 길에서 빠져 나오지 못하고, 그 관계에서 해방될 수 없습니다. 사연은 무슨 수를 써서라도 자기가 연출자가 되어 시나리오를 펼치고, 상황을 조성하고, 필요한 사람들을 끌어들여 꼭 자기의 작품을 완성합니다. 사연은 반드시 실천합니다.

석 씨는 택시 운전기사입니다.
배운 것, 가진 것도 없는 그냥 보통 사람이지요.
특별한 재주도, 지식도 없어
그는 택시를 운전하며 살 수 있다는 사실이 때론 감사하기까지 합니다.
누군가가 자기 택시를 세운다는 것도 감사하고,
손님이 어디를 가자고 했을 때
그 장소로 가는 길이 생각난다는 사실이 너무 신기합니다.
석 씨는 오늘도 얼굴에 웃음을 숨기지 못합니다.

석 씨 아내는 그런 남편 때문에 가슴이 새까맣게 탑니다.
악착같이 벌어도 살 수 없는 형편인데
하루 종일 택시 운전해서 번 돈을 가져오지 않기 때문입니다.
자기는 참 무능하여 돈을 벌 수 없는데 돈을 번 것이 너무 좋아
집에 오는 길에 그 돈을 다 써버린다는 것입니다.
마치 자기 돈이 아닌 것을 얻은 것처럼.
이 사람 힘들다면 주고, 저 사람 배고프다면 밥 사주는 데 다 써버립니다.
자식들 학비도 내야 하고, 밀린 월세도 내야 하는데.
아내가 아무리 말해도
석 씨는 그 말이 무슨 뜻인지 이해가 되질 않습니다.

"난 돈을 못 벌 사람이었어. 우리 엄마가 그랬어.

우리 아버지도 '저 자식은 바보 같고, 철이 안 들어,
말썽만 피우는 놈' 이라고 하셨어.
그런데 봐봐! 내가 택시를 운전해서 돈을 벌고 있잖아?
그것도 조금 버는 게 아니라 많이 벌고 있어.
난 감사하다 못해 너무 신기해. 난 내가 너무 신통하고 기분이 좋아.
그런데 왜 당신은 만날 날 보면 화를 내는지 알 수가 없어.
난 이제 바보가 아니야. 난 철이 들었다고.
당신만 날 싫어하지 다른 사람들은 다 날 좋아해.
당신은 우리 엄마, 아버지와 똑같은 사람이야, 나쁜 사람이라고.
당신이나 우리 부모님이나 날 불행하게 하려고 작정한 사람들 같아.
왜 날 이렇게 괴롭게 하는지 통 알 수가 없어!"

바보라는 말, 돈벌이를 못할 것이라는 말, 사람 구실을 못할 것이라는 말 등등 그 풀리지 않은 사연의 말들이 석 씨의 뇌리에 박히고 가슴에 새겨져 모국어가 되었습니다. 사연으로 말미암아 모국어가 된 말들이 석 씨의 인생을 인도해 가는 것을 보십니까? 사연은 꼭 실천합니다. 철저히 실천합니다. 그래서 자기 말이 옳다는 것을 증명하지요. 택시를 운전하여 돈은 벌지만 남편으로서 아비로서 제 구실을 하지 못하고 있습니다. 그러나 그런 상황을 알아보는 눈을 얻기보다는 사연의 언어를 성실히 작동시켜 자기는 모르지만 사연이 말하는 대로 '바보' 로, '사람 구실을 제대로 못하는 자' 로 살아갑니다.

석 씨를 보고 사람 구실을 못한다고 했으니, 석 씨는 사람 구실을 하기 위해 돈이 필요하다는 사람을 만나면 그 요구를 뿌리치지 못합니다. 석 씨는 자기의 '사연적 이미지 탈피'를 위해 무척 애를 쓰지만 가족들은 그저 사연을 재현하는 남편과 아버지만 보입니다. 그래서 너무 힘들고 괴롭습니다. 석 씨는 자기를 시원찮게 바라보는 가족들에게 너희들이 내게 바보라고 소리를 지르지만 어려운 사람을 도와주는 것이 사람의 기본이 아니냐며, 자기를 이해하지 못하는 가족들을 향해 볼멘소리를 합니다. 석 씨는 자신이 바보요, 사람 구실을 못하는 자요, 미련한 자라는 사연을 실천하고 있음에도 불구하고 이를 깨닫지 못합니다. 사연은 참으로 교묘하게 사람을 인도하여 자기 말을 성취합니다. 사연은 반드시 실천합니다.

실세인 사연은 실력으로 움직입니다

사연은 보통 실력으로 사람을 인도하지 않습니다. 엄청난 실력을 발휘해 자기의 사연을 실천하도록 상황을 전개해 나갑니다. 사연은 관심과 사랑을 그리워했던 사람이 관심을 받으면 이를 거부하게 하고, 받는 관심을 무척 부담스러워하게 합니다. 그리고 더욱 기가 막힌 사연이 되도록 그 상황을 만들어 전개해 갑니다. 절대로, 무슨 일이 있더라도 사연이 해결되도록 놔두지 않습니다. 그러면 실력이 없는 것이지요. 사연은 참으로 엄청난 실력의 언어입니다. 사연은 실력가입니다.

한 씨는 어릴 적부터 혼자 사는 것에 익숙해 있습니다.
부모님이 계셨지만, 출장이 잦은 아버지에 엄마는 집을 자주 비웠습니다.
두 분은 사이가 좋지 않아 항상 방을 따로 쓰셨으며,
서로 자주 삐쳐 말이 없었기 때문에
한 씨는 참 조용한, 그러나 상당히 아슬아슬한 분위기에서
어린 시절을 보냈습니다.

아버지는 항상 엄마에게 "당신 아들한테 신경 좀 쓰라"고 말씀하셨고,
엄마는 "걔가 왜 내 아들이에요? 걔가 한 씨에요, 박 씨에요?
그렇게 애가 걱정이 되면 당신이 신경 써요! 왜 나한테 미뤄요?"하며
찢어질 듯이 날카로운 소리로 아버지에게 퇴박을 놓았습니다.
한 씨는 서로 밀치고 미루는 자녀교육으로 인해
부모의 문젯거리로 자랐고,
그런 두 분에게 짐이 되지 않으려고 홀로 알아서 성장했습니다.

한 씨는 결혼했습니다.
아름다운 아내가 정말 예쁘고 사랑스러웠습니다.
그런데 그녀는 한 씨한테 이래라 저래라 요구하는 것이 많았고,
그때그때 하지 못하면 짜증을 내고 화도 많이 냈습니다.

홀로 알아서 스스로 해 오던 한 씨가
하루아침에 아내로부터 일일이 참견을 받으며 생활을 하려다보니
머리가 돌 정도로 불편해서 견딜 수가 없었습니다.
한 씨가 원하는 아내는 자기가 해야 할 일만 처리하고,
한 씨가 해야 할 일은 한 씨가 알아서 하게 맡기는 아내입니다.

한 씨는 오늘도 회사에서 퇴근하여 방에 들어가 문을 잠갔습니다.
방문 앞에는 "절대 방해금지!"라는 팻말을 크게 써 붙이고,
아무도 접근하지 못하도록 철저히 단속을 합니다.
아내가 속이 상해 문을 두드리며 날카로운 목소리로 소리를 쳐도
한 씨는 아내의 다그치는 소리에 반응하여 이렇게 소리를 지릅니다.
"걔가 내 아들인가? 걔가 어디 날 좋아하기라도 해?
당신만 좋아하잖아! 당신이 알아서 처리해!"

사연은 실력이 있습니다. 세월이 흐르는 동안 지속적인 반복을 통해 실력을 쌓아가지요. 한 씨의 '홀로 살아가는 실력'은 보통 수준을 넘습니다. 상황이 심각해지고 어려워지면 더욱 그 실력을 발휘하여 사람들로부터 자신을 소외시킵니다. 그리고 말합니다. 자기는 항상 홀로 있다고. 내 팔자는 태어나면서부터 죽을 때까지 홀로 살아가야 하나 보다고.

실세인 사연은 '사연'을 실현시킵니다

사연은 피할 수도, 부인할 수도 없는 실질적인 현실입니다. 사람이 사연의 종이 된 현실이지요. 사람은 사연 없이는 살 수 없게 되고, 사연은 힘을 얻어 자기 왕국을 재건합니다. 사람이 사연의 주인공이 아니라 사연이 주인공이 되어 사람을 움직이며 자기의 사연을 실현합니다. 사연은 엄청난 실력가라 모든 생활에서 일어나는 사건에 대해 기가 막힐 정도로 오묘하게 자기의 실력을 발휘해 사연과 연결되도록 전개해 갑니다. 살다보니 어느덧 사연은 자연적으로 반복되고 있고, 사람은 그 사연의 왕국에서 빠져 나올 수 있는 방법을 찾을 수 없게 됩니다. 그냥 자기의 타고 난 팔자인 양 사연의 왕국에서 사연의 노예가 되어 사연을 실현하며 살아갈 뿐입니다.

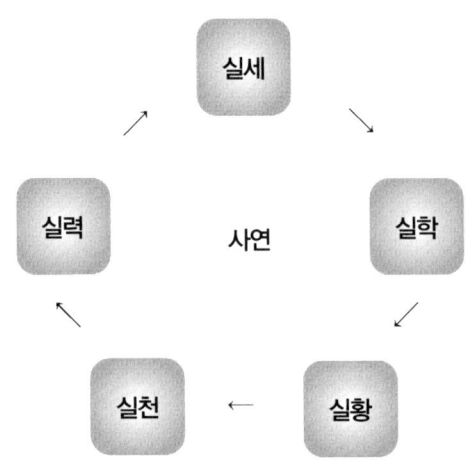

도표 6. 사연은 실현합니다

3. 악한 재생산자, '사연'

사연은 자기를 지속적으로 생존케 하기 위해 더욱 사무친 사연자를 필히 생산합니다. 자기보다 더 심각한 사연자를 생산하는 것이 사연이 가지고 있는 가장 강하고 두려운 영향력입니다.

사연은 성실하지만 열등한 자기 증명 이야기입니다

사연은 자기가 만든 자기 이야기(self-story)입니다. 아무도 이에 대해 반격할 수는 없지만 그 이야기를 진리라고 증명할 사람은 자기밖에 없기에 공적인 이야기는 될 수 없는 이야기입니다. 그래서 한 가지 재미있는 사실은 그 엄청난 실력가인 사연이 항상 열등감을 동반한다는 것입니다.

사연은 열등한 이야기입니다. 한 쪽으로 치우친 이야기입니다. 완벽하지도 않고, 진리도 아닌 이야기입니다. 다른 사람의 입력(in-put)과 산출(out-put)이 가능하여 고쳐질 수 있는 이야기도 아니고, 고치려고 시도도 하지 않는 고정된 이야기입니다. 사연은 스스로 닫힌 이야기입니다. 사연자 스스로만 그 이야기에 충성을 맹세할 뿐 다른 사람들은 사연자가 정해

놓은 역할과 기능에 의미를 달 수 없습니다. 느낌만 충만할 뿐 논리적이지도 않고 자랑스럽고 자신 있는 이야기가 아닙니다. 말하고 나면 꼭 후회가 뒤따르는 이야기입니다. 그래서 사연은 매우 열등한 이야기입니다.

사연은 '성실한' '열등군' 의 결합체입니다. 이 둘이 만나 찰떡 궁합으로 성실하게 그러나 열등하게 살아가는 슬픈 이야기입니다. 너무 어처구니가 없어서 웃어야 하고, 동시에 너무 기가 막혀서 울어야 합니다.

사연은 한마디로 자기를 증명하는 언어입니다. 무엇을 하든지 자기 사연을 증명하기에 성실합니다. 자기 사연과 상관없는 말은 아무리 좋은 말이라도 자동적으로 제거하고, 자기 사연에 보탬이 되는 말은 상대방의 숨소리도 정보로 입수합니다. 자기를 증명하기 위해서는 어떤 것이라도 자기에게 유익한 정보가 되도록 만들 수 있는 실력을 발휘하기 때문입니다.

사연은 자기를 증명하는 데 급급하여 실수를 연발하지요. 그래서 더 큰 사연을 만듭니다. 누가 사연을 만들어주는 것이 아닙니다. 자기가 그렇게 해석하고 그렇게 만들어 가는 것이지요. 사연은 이기주의적인 언어라 상대방을 위해 일하지 않고 말하지 않습니다. 사연으로 작동하는 사람은 상대방의 점수를 딸 수가 없습니다. 그래서 실컷 일해 주고 욕먹는 일이 자주 일어납니다.

공 씨는 교회에서 안내 사역을 시작했습니다.
뭐라도 좀 봉사를 해야겠다고 오래 전부터 생각은 해왔지만 막상 무엇을 해야 할지 잘 몰라 망설이고 있었습니다.

그러던 어느 날 예배를 드리려고 예배당 문으로 들어가는데
문 앞에서 안내를 하는 집사가 다른 사람들하고 잡담을 하느라
들어가는 공 씨에게 제대로 인사를 하지 않는 것이었습니다.
"내가 안내 사역을 해야겠구나. 이 사람들에게 본때를 보여줘야겠다."
공 씨는 마음을 단단히 먹고
안내사역에 동참하기 위해 자신의 이름을 써넣었습니다.
공 씨는 주일 아침이면 드라이클리닝한 양복을 멋있게 빼 입고
교회 예배당 앞에 서서 성심을 다해 안내를 했습니다.
안내사역자들은 이구동성으로 공 씨를 칭찬했고,
공 씨는 그 사역이 참으로 마음에 들었습니다.

아침 예배가 끝나고, 점심을 먹고 나면
공 씨는 사람들을 자기 주위로 모아 자기가 한 일을 증명합니다.
"요새 젊은것들은 인사 할 줄을 몰러.
이렇게 나이든 사람이 젊은이 늙은이 가리지 않고
깍듯하게 허리 굽혀 90도로 인사를 허는디,
젊은것들이 이 나이든 사람의 인사를 받고 고개만 까딱까딱 한단말여.
지그들 부모는 자식들한테
인사하는 법도 제대로 가르치덜 않았는가 비여.
난 주일 아침마다 맴이 무척 상하는디, 어쩌겠는가.
나가 기도 많이 해야겠재… 나가 젊은것들을 위해 금식을 시작허야겠

는가 비여."

사연은 자기 증명의 언어입니다. 자기를 증명하는 데 급급한 언어이지요. 그래서 다른 때는 좀 여유를 부리다가도 자기를 증명하는 일에는 조급해집니다. 자기가 증명되지 않을까 봐 조급하고, 자기가 잘못 이해되어질까 봐 안달합니다. 조금의 지체함도 없이 매 순간 기회만 포착되면 자기를 증명하기 위해 튀어나오는 사연의 언어는 참으로 사연이 있는 자에겐 둘도 없는 신실하고 충성된 종입니다. 너무 충성스러워서 그 충성이 얼마나 자신에게 해가 되는지도 감지되지 않기에 큰 문제이지요.

사연의 언어는 자기를 증명할 기회를 단 한 번도 놓치지 않습니다. 성공과 실패가 중요하지 않습니다. 사연자에게 사연의 언어는 조금도 생각할 여유를 주지 않고 즉각적인 서비스를 제공합니다. 절대 손익을 따지며 지체하지 않습니다. 아무리 좋은 설득과 충고를 들어도 전혀 틈을 내지 않고 흔들리지도 않습니다. 그저 사연은 사연에 충실할 뿐입니다. 그러니 사연의 언어가 서비스를 주는 한 사연자는 다른 언어는 생각나지도 않습니다.

자기 증명은 곧 자기 정당화로 승화됩니다

사연의 세계에선 자기 외에 다른 모든 것은 엑스트라입니다. 세상의 모든 것이 사연을 가지고 있는 자기를 증명하기 위해 존재하는 양 느껴집니다. 모든 것이 사연의 언어로 해석되기 때문에 해석된 사건마다 자기를 증명하기 위해 존재하는 것같이 느껴집니다. 그러면서 사연의 세계에서 한 단계 더 앞으로 전진합니다.

자기 증명에 급급했던 사연의 언어가 조금 여유가 생기면서 '자기 정당화 작업'을 시작합니다. 처음 사연이 생겼을 땐 그저 억울함과 속상함을 표현하는 것만도 너무 버거워 자기를 정당화한다는 것은 감히 생각지도 못한 일이었습니다. 그러나 사연을 반복적으로 표현하며 매순간 사연에 의거하여 자기를 증명하며 살다보니 어느덧 사연이 너무 당연한 것이어서 자기가 모든 일에 기준이 되어야 한다고 스스로 결정합니다. "그것 봐. 시간이 지나니까 다들 내가 맞다고 하잖아. 결국 내가 옳잖아! 그래서 나처럼 살아야한다니까!"

마치 감옥에서 오래 살다보니 그것이 경력이 되어 감옥을 장악하고 자기가 법을 세우고 자기가 감옥에 갇힌 모든 사람들의 생활의 기준이 돼야 한다고 주장하는 것과 같습니다. 오랜 세월 동안 자기를 증명한 사연이 언제부턴가 자기 정당화를 원하는 것은 매우 당연한 사연 강화의 다음 단계입니다.

주 씨의 가정은 형편이 너무 어려웠습니다.
주 씨는 가난한 것이 너무 싫었고, 가난한 자기 집이 너무 지겨웠습니다.
그는 15살이 되는 해에 집을 뛰쳐나왔고,

도시에서 깡패로 살다가 18세에 조직에 가입했습니다.
주 씨는 밥을 굶지 않는다는 것 하나만으로도 조폭 생활에 만족했습니다.

주 씨는 조직 내에서 성실하다는 소리를 들으며 생활했습니다.
'믿을 만한 놈'이라는 소리를 듣기 위해
무엇이든지 시키는 일은 앞뒤 가리지 않고 철저히 이루어 냈습니다.
배고팠던 그 시절을 생각하며,
절대 그 시절로는 되돌아갈 수 없다고 되뇌며
시키는 모든 일을 이를 악물고 누구보다도 잘 해냈습니다.
게으름을 부리거나 조금이라도 꼼지락대며
행동이 민첩하지 못한 동생들을 사정없이 나무랐습니다.
누구라도 자기 밥 먹는 시간에 건드리거나
자기 밥을 먹는 사람이 있으면 인정사정을 보지 않고
그 사람을 반 죽여 놓았습니다.

세월이 흐르면서 주 씨는 조직 내에서 신임도 얻고 힘도 길렀으며
자기를 따르는 동생들도 많이 생겼고 돈도 모았습니다.
주 씨는 더 이상 예전에 배고파 쩔쩔매며 거리를 헤매던
불쌍한 아이가 아니었습니다.
주 씨는 그야말로 '돈 있고 힘 있는 어깨'가 되었습니다.

주 씨는 자기의 인생철학을 동생들에게 주입시킵니다.
"사람들을 뽑을 때는 배를 곯아 본 경험이 있는가 먼저 봐라.
배곯아 본 경험이 있어야 어떤 상황에서도
인정사정 보지 않고 일을 해낼 수 있다.
절대 과거로, 그 배고팠던 자리로 돌아갈 수 없다는
철저한 결심이 있는 자라야 조직에 도움이 될 수 있다."
주 씨는 배곯아 본 경험을 사람을 구별하는 가장 큰 기준으로 삼습니다.
배곯아 본 것이 모든 것을 풀어가는 기준입니다.

사연을 성실하게 반복하다 보면 자기가 증명되고, 자기가 증명이 되는 듯하면 자기 정당화를 펼칩니다. 그러면 사연이 삶의 기준이 되고 그 기준을 다른 사람에게도 적용시킵니다. 즉 자기 증명이 자기 정당화로 승화되는 것이지요. 그러면 사연이 인격이 됩니다. 그렇게 되면 변화는 불가능한 현실이 됩니다.

한 씨는 남편을 배반하고,
다른 남자를 사귈 마음이 추호도 없었습니다.
멀쩡한 남편과 자식들을 놔두고
중학교 동창인 인숙이가 10세 연하의 젊은 남자와 바람이 났을 때
한 씨는 누구보다도 앞장서서 그 친구를 비난하고 나무랐습니다.
그런데 자기가 바람이 난 것입니다.

한 씨는 자신의 바람이 다른 사람들과는 다름을 증명하기 위해
어쩔 수 없이 일어난 필연적인 일이었음을 증명하기 위해
많은 수고로운 말들을 늘어놓았습니다.
자신의 결백함과 청순한 마음,
그리고 순수한 동기와 어쩔 수 없었던 상황을 그려내며,
바람을 피운 다른 사람들과 자신과의 차이를 크게 내보려고
애를 썼습니다.
그러나 한 씨가 애를 쓰면 쓸수록
그 모습은 더욱 초라해질 뿐 아무런 도움이 되지 못했습니다.

사람들은 그녀를 제일 마지막으로 바람피울 여자라고 생각했습니다.
그녀는 남편이 조금만 다른 여자하고 대화라도 나눌라치면
곧바로 이를 지적하는 여자였습니다.
자기에게 다가서는 남자가 있으면
가까이 오지 못하도록 거리를 두는 사람이었습니다.
우편배달부나 청소부나 수위아저씨나 남자라면 그 누구라도
눈 한 번 마주치지 않고, 말 한마디 건너지 않는 그런 여자였습니다.
그런 여자가 바람이 난 것입니다.
그래서 한 씨는 자기를 아는 주위 사람들이
바람난 다른 여자들과 자기를 동급 취급하는 것을 용납할 수 없습니다.
"나 같은 여자가 바람이 났으면 그만한 이유가 있는 거야.

난 행복을 원했어. 난 순수한 행복을 원했던 거야.
그이를 통해 난 행복이 무엇인지 발견하게 된 거라고.
나도 행복할 권리가 있잖아. 난 바람난 게 아니라고."

한 씨는 새로 만난 조 씨와 살면서
그가 친밀히 다가오는 것을 철저하게 거부합니다.
"난 섹스를 원한 것이 아니야.
난 남자가 그리워서 당신을 선택한 게 아니라
행복하고 싶어서 당신을 선택한 거라고.
날 행복하게 해 줘. 넌 그 책임이 있어!
맞아? 안 맞아? 말해 봐!"

한 씨는 매일 그것을 확인하며 살았습니다.
몸이 조 씨를 원해도 행복 때문이지 섹스 때문이 아니었다고
스스로에게 말하며 육체적 욕구를 백분 절제시켰습니다.
한 씨는 한 순간이라도 자기가 잘못 이해되어질까 봐 두려웠습니다.
남자가 그리워 바람난 것이 아니라는 사실을 증명하려고
갖은 애를 다 썼습니다.
그러면서 남편 조 씨에게 자기를 행복하게 해 달라고 졸라댔습니다.
자기는 행복하지 않다며, 조 씨가 자기를 속였다고 쪼아댔습니다.
견디다 못한 조 씨는 한 씨와 헤어졌고

다른 여자를 만나 살게 되었습니다.

한 씨는 혼자 몸이 되어 살면서 만나는 사람들에게 이렇게 말합니다.
"행복은 많은 값을 치르고 얻어내는 것입니다.
저는 지금 참 행복합니다.
결국 나를 행복하게 할 수 있는 것은 나밖에 없음을 깨달았습니다.
다른 사람은 믿지 마십시오.
진정한 사랑도 없습니다. 한순간 일어나는 물거품일 뿐입니다.
행복하게 해 줄 사람도 없습니다.
그저 당신은 당신 한 사람을 행복하게 해 줄 수 있는
유일한 사람입니다."

사연은 참으로 무서운 악입니다. 사연은 사람이 스스로 만들어 자신을 그 안에 가두고 다시는 빠져 나올 수 없도록 만드는 가장 강력한 올무입니다. 사연이 실력을 갖추고 인격을 얻어 사람처럼 되었으니, 사연은 사람으로부터 절대 분리되지 않습니다. 자기로부터 사연을 분리하는 작업이야말로 진정한 치유요, 회복입니다. 그러나 그 작업은 사람 스스로의 힘으로 불가능합니다.

사연은 그저 한 개인의 풀리지 않은 이야기로 끝나지 않습니다. 사연은 역기능적인 말입니다. 사람이 제 역할을 감당하지 못하도록 만들고, 제대로 기능하지 못하도록 만들지요. 사연은 악을 생산합니다. 사연은 무조건적으로 성실히 일하는 말입니다. 역기능적이면서 악하고, 악하면서 무조건적으로 성실히 일하는 사연은 사람을 위해 굽은 길을 내고, 결국 사람이 굽도록 만듭니다. 필히 사연의 정체성을 깨달으십시오. 그리고 사연을 당신으로부터 분리해 버려야 합니다. 그렇지 않으면 사연이 당신을 망하게 합니다. 사연 때문에 당신은 결국 죽습니다.

자기 정당화는 곧 자기 기준화로 발전합니다

사연은 자기를 정당화합니다. 자기가 옳고 자기 사연이 옳음을 주장하지요. 평생 동안 이 일을 위해 엄청난 양의 생활 에너지를 소모합니다. 자기중심적인 경향이 너무 강하고, 또 건드리면 소란스러워지기 때문에, 대부분의 경우, 주위 사람들은 사연자에게 져주고, 봐주고, 넘어가주고, 그냥 인정해줘 버립니다. 그러나 그 결과는 너무 엄청납니다. 주위 사람들이 자기들의 편리를 위해 아무 생각 없이 행했던 행동들이 사연자에겐 자기가 옳은 것으로 착각하게 합니다. 사연자는 자기 스스로를 정당화하며 자기가 옳다는 생각을 굳히고 스스로 모든 사람과 모든 것의 기준이 됨을 인정합니다. 자기가 옳다고 주장하는 것이 아니라 자기처럼 해야 옳다고 주장합니다.

누구에게든지 무슨 일이든지 스스로 자기가 기준이 되어 나머지 사람들을 줄 세우고 상황을 정리해 나갑니다. 자기와 다른 기준을 내세우는 사람이 있으면 절대 용납하지 못합니다. 사람을 잃고 손해를 보더라도 자기 기준을 고수하는 것이 사연자의 기준화 작업입니다. 누구에게도, 어떤 상황에서도 자기가 기준이 되지 않으면 못 견딥니다. 마치 배반을 당한 것처럼 생각되고, 세상이 끝난 것처럼 느낍니다. 자기가 기준이 되어야 세상이 평온하고 형통하고 안정될 것이라는 생각이 너무 강하게 움직여서, 다른 기준으로도 잘 살 수 있다는 가능성을 완전히 배제시킵니다.

대원군의 패쇄 정책이 따로 없습니다. 사연자가 자기 기준화를 시도하면 그 사람과 관계하는 사람들은 제시된 단 한 가지 기준으로밖엔 살지 못합니다. 다른 옵션을 선택하면 사연자와 맞서는 일이 되어 불화와 불행을 가져오는 지름길이 됩니다. 독재자가 따로 없고, 독재 정권이 따로 없습니다. 사연자의 기준화 작업이 독재요, 독재정권입니다.

권 씨는 하나밖에 없는 딸이 너무 사랑스럽고 귀했습니다.
위로 아들이 둘이나 있지만 아들만 많은 집에서 자란 권 씨였는지라
딸아이가 너무 예쁘고 너무 사랑스러워 어쩔 줄을 몰랐습니다.
권 씨의 생각 속에는 온통 딸아이의 이야기로 꽉 채워져 있었고
딸아이만 앞에 있으면 어떤 어려움이 있어도
자기는 행복하다고 말하곤 했습니다.

한편 권 씨는 아들들한테는 매우 매서웠습니다.
한 가지 작은 일도 그냥 넘어가지 않았습니다.

아들들한테는 전혀 자상하지 않았고, 전혀 상냥하지 않았습니다.
매정하게 몰아붙이고 괴팍하게 굴며 포학하게 다루기가 일쑤였습니다.
권 씨 부인은 이것 때문에 늘 남편에게 투덜거렸습니다.
권 씨는 아내가 불평하고 인상을 쓸 때마다 가만히 앉아 있다가
겨우 "남자 애들은 다 그렇게 키우는 거예요"라고 한마디 합니다.
남편과 아내 사이에 다른 어떤 문제도 없지만
아들들 문제만 나오면 아내는 날카로워지고, 권 씨는 무척 곤란해집니다.

권 씨가 자랄 때 그의 어머니는 집에 계시지 않았습니다.
장사하시며 돈을 버시는 어머니였는지라 출장이 잦아
집에 계시는 날이 한 달에 며칠이 안 되었습니다.
권 씨의 아버지는 별로 말이 없으신 분이었습니다.
돈을 벌며 항상 밖으로 도는 엄마에게는
언성 한 번 높이지 않는 부드러운 분이셨지만
엄마가 안 계시는 가정에서 아들들한테는 매우 무서운 분이셨습니다.
항상 굳은 얼굴과 무거운 분위기,
그리고 절대 어길 수 없을 것 같은 톤 굵은 명령들.
아들들이 조금이라도 정해 놓은 선에서 이탈하는 것 같으면
인정사정없이 매를 드시는 아버지였습니다.
그러면서 가끔 한숨을 쉬며 하시는 말씀이 있었습니다.
이놈들이 여자애들이라면 내가 훨씬 수월했을 텐데….

권 씨는 무서운 아빠 밑에서 자라면서 정말 가끔이긴 하지만
상냥하게 웃고 안아주는 엄마가 늘 그리웠습니다.
아빠는 엄마만 들어오면 부드러운 남자로 변했고,
아들들을 때리지도 않았습니다.
막내로 태어나 겁 많고 아는 것 없었던 권씨는
환하게 웃으며 자기를 끌어다 가슴에 안고,
머리를 쓰다듬어 주며 부드럽게 속삭이는 엄마가 항상 그리웠습니다.
그는 집 안의 유일한 여자인 엄마에게 잘 보이려고 애쓰며 살았습니다.

권 씨는 여자는 좋고 남자는 나쁘다는 생각을 하며 자랐습니다.
권 씨는 자기가 여자가 아닌 것이 항상 마음 아팠습니다.
딸아이가 25세 되던 해 자살 소동을 부리며 시집을 가야겠다고 해서
권 씨의 마음엔 전혀 내키지 않는 일이지만 억지로 결혼을 시켰습니다.
권 씨의 마음은 이루 말할 수 없이 아팠습니다.
허전하고 아픈 마음은 어떤 술이나 말로도 위로가 되지 못했습니다.
그 남자애를 너무 사랑한다고 해서 어쩔 수 없이 시집은 보냈지만
사랑하는 딸아이를 '악종 남자'에게 시집보냈다는 사실이
용납되지 않았습니다.

딸아이가 시집은 갔지만 권 씨는 아내를 보내 항상 돌봐주게 했습니다.
퇴근을 하면 딸아이 집으로 갔고, 밤늦게야 집으로 돌아오곤 했습니다.

딸아이 집에서 자고 싶지만
사위 눈치가 보여 더 있을 수는 없었습니다.
그런 간절한 아비의 마음을 몰라주는 딸아이가 무척 섭섭합니다.
연약한 딸아이가 집안 청소하는 것이 마음에 안쓰러워
회사에서 조퇴하고 달려와 청소를 해주었습니다.
김치도 담아주고, 못질도 해주고, 밥도 지어놓았습니다.
악종 사위가 자기 딸을 혹사시키지 못하도록
눈이 마주칠 때마다 다짐에 다짐을 받았습니다.

딸아이가 손자를 낳았을 때는 하늘이 무너지는 줄 알았습니다.
그렇지 않아도 악한 세상인데 악종이 하나 더 늘어난 것입니다.
너무 섭섭하여 권 씨는 거의 한 달 동안 잠을 잘 수가 없었습니다.
그래서 손자를 봐줘야 할 땐 아들들 다루듯이 무섭게 다루었습니다.
"남자는 악종이야. 여자가 좋아.
이 세상이 악한 것은 남자들 때문이야.
여자만 있는 세상이면 참 살기 좋은 아름다운 세상이 될 텐데…."

주위 사람들이 아무리 말려도 권 씨의 삶의 기준은 변하지 않습니다. 사연이 인생의 기준이 되어 산다는 것만큼 비참해지는 것도, 또 우스운 것도 없습니다. 문제는 그 기준이 한 개인의 기준이 되어 한 인생을 진두지휘하는 것으로 끝나지 않고, 주위 사람들의 삶의 기준으로까지 발전하는 것입니다. 제시된 기준에 대해 다른 반응을 보인다거나 반항이 일어나면 사연자는 세상이 끝난 듯 절망합니다.

홍 씨는 아들이 데려오는 여자들마다 마음에 들지 않습니다.
홍 씨는 이를 아들을 끔찍이 사랑하는 엄마의
당연한 반응이라고 생각합니다.
홍 씨의 친구들은 혀를 차며 말했습니다.
"그래가지고 네 아들이 제 나이에 장가나 들겠니?
네가 평생 옆에 두고 끼고 살렴!"
아니라고 강하게 부인은 하지만 그 말이 마음에 항상 걸립니다.
그러나 어쩝니까? 어떤 여자도 아들의 아내로 마음에 들지 않는 것을.

그러던 어느 날 아들이 정말 사랑한다는 여자를 데려왔습니다.
내로라는 조건들을 가진 여자들을 이런저런 이유로 다 물리쳤는데
조건이 좋지 않은 것은 물론이요,
인물도 변변치 않은 그런 여자를 데려와 결혼하겠다는 것입니다.
지금까지 그 많은 **빵빵**한 규수들을 다 마다했는데
이제 와서 수준 이하의 여자와 결혼시킨다는 것은
너무 낯 뜨거운 일이었습니다.
더구나 그렇게 순종적이던 아들이 그 여자 아니면 결혼하지 않겠다며
어미 앞에서 고집을 피우고 성을 내며 인상을 찡그리니….

이런 일은 처음 당하는 것이라 홍 씨는 기가 막히고 숨이 막혀서
한순간도 더 살 수가 없었습니다.

홍 씨의 아들은 엄마가 너무 하다는 생각밖에 없습니다.
언제나 자기 생각대로 해야 직성이 풀리는 엄마입니다.
그래서 이번만은 절대 엄마의 맘대로 되지 않게 하려고
한껏 독한 마음을 먹어 봅니다.
결혼을 약속한 여자는 어머니가 저렇게 싫다고 하시는데
어떻게 결혼을 하냐며 결혼하지 말자고 등을 돌리지만
홍 씨의 아들은 절대 그렇게 할 수가 없습니다.
항상 그렇게 해왔습니다.
엄마 마음을 상하게 해드리지 않으려고
웬만하면 원하시는 대로 해드렸습니다.
이제는 어지간하면 아들을 존중하고 아들 입장도 고려할 만한데
날이 가면 갈수록 요구와 기대만 늘 뿐 전혀 현실적이지 못하셨습니다.
너무 자신만 내세우시고,
너무 자신만 밝히시는 엄마가 점점 싫어졌습니다.

결혼을 위해 많은 사람들을 소개 받았습니다.
정말 죄송하지만, 엄마가 소개하는 사람은 다 싫었습니다.
엄마의 기준은 사람이 아니라

집안과 재물과 명예였기 때문에. 엄마를 다시 보는 기회도 되었습니다.
아들이 변호사가 되기까지 얼마나 열심히 돌보아 주셨는지 압니다.
그러나 사랑하지 않는 여자와 결혼한다는 것은
정말 있을 수 없는 일이었습니다.
그는 반대의 음성을 높이기 시작하였고,
엄마는 이를 받아들이지 못했습니다.
결혼이란 적나라한 현실이라고 엄마는 말씀하시지만
엄마가 소개하는 현실은 아들을 비참하게 만들 뿐이었습니다.
홍 씨는 더욱 마음으로 결정합니다.
"절대 엄마가 골라주는 여자와는 결혼하지 않는다!"

홍 씨는 아들의 반항을 받아들일 수가 없었습니다.
이번엔 정말 귀한 규수가 중매되었습니다.
이 규수를 놓치면 더 좋은 규수는 만나볼 수 없을 정도로
좋은 조건을 갖추고 있었습니다.
달래고 윽박지르고 핍박하고 학대해도
아들은 조금도 흔들리지 않았습니다.
오히려 "엄마, 나 이제 새로운 삶을 살아야겠어요.
이제 저는 엄마의 도움 없이 저 스스로 저의 삶을 살고 싶어요.
영숙이와 떠나겠어요. 전 변호사도 안 할 거예요.
변호사도 엄마의 것이라고 했으니 엄마가 가지세요.

안녕히 계세요."

사연자는 타협할 줄 모릅니다. 자기 기준이 너무 강해 굽히기보다는 부러지지요. 아들이 떠난다는 말을 해도 자리에서 선뜻 일어나 내가 잘못 생각했다고 말할 수 없습니다. 마음대로 하라고 소리를 버럭 지를 뿐입니다. 그리고 정말 자식이 없는 것처럼 홀로 살아갑니다. 사연을 되새기며, 한으로 되씹으며 그 착한 아들을 홀린 그 못된 년을 탓하며….

자기 기준화는 자기 확장화로 변신합니다

사연이 기준인 사람은 자기가 왜 잘못됐는지, 무엇이 잘못됐는지 알지 못합니다. 자기 자신이 사연이기에, 사연은 자신에게 너무 자연스러울 뿐입니다. 사연자는 자기를 정당화하고, 자기 사연을 기준화하며, 오히려 자기 같은 사람을 확장하는 데 온갖 힘을 씁니다. 이 세상이 잘 돌아가려면 자기 같은 사람이 많아야 한다고 생각하지요. 얼마나 사연이 모순입니까? 자기 한 사람밖엔 자기처럼 생각하는 사람도, 그렇게 느끼는 사람도 없기에 너무 외로운 나머지 자기 같은 사람을 확장해야겠다는 마음의 확신을 굳히게 됩니다. 자기하고 다른 사람들과 함께 살려니 너무 힘들고 외로워 못살겠다는 것이지요. 그래서 자기 확장이 일어납니다.

사연자의 자기 확장은 자기 같이 생각하고 자기 같이 느끼는 사람들을 늘려가는 것입니다. 자기와 똑같은 사연으로 작동하는 사람을 만들어가는 작업이지요. 사연자의 내부에서만 작동하던 사연이 사연자의 밖에서도 넉넉히 작동할 수 있도록 환경을 조성하는 것이지요. 사연자들의 모임이 생기고, 사연자의 공동체가 이루어집니다. 사연자는 자기와 비슷한 사람들을 자기 주위로 모으지요. 재미있는 현상은, 유유상종이라고, 비슷한 사연자들끼리 눈이 맞아 모인다는 것입니다.

사연자의 자기 확장은 자기의 정당성과 자기 기준화를 이룩하기 위해서라도 꼭 이루어야 하는 과제입니다. 자기와 비슷한 무리들을 많이 모아서 자기가 얼마나 보통이며, 또 얼마나 기준인가를 증명하는 것입니다. 자기 같은 사람이 자기 하나밖에 없다면, 자기가 너무 이상한 사람인 것이 증명되는 것이기에, 그렇지 않음을 증명하기 위해서라도, 자기와 비슷한 사람들을 모으는 작업은 매우 중요한 일이 됩니다. 그래서 사연자들마다 패를 가르고, 당을 짓고, 갈리고, 분열하고, 찢어지는 일들이 벌어지는 것이지요.

사연자들은 너무 강하고 고집이 세며, 자기강화를 통한 자기 증명에 급급한 사람들인지라, 단체나 모임의 전체적인 조화를 중요시하기보다는 자기를 중심으로 힘을 모으는 것만을 중요하게 생각합니다. 리더나 어른들의 말은 듣지 않습니다. 자기를 중심으로 모이지 않는 사람은 적이 되고 원수로 취급합니다. 그런 사람들과는 반드시 싸워 이겨야 한다는 생각밖에는 없습니다. 융합이란 절대 있을 수 없는 일입니다.

강 집사는 항상 내가 하는 말마다 트집을 잡습니다.
회의 때에도 그렇고, 보통 주제를 가지고 말할 때도 그렇습니다.
둘이만 있을 때는 이루 말할 수 없을 정도로
순한 양처럼 행동하다가, 교회 사람들이 주위에 나타나면
언제 그랬냐는 듯이 갑자기 사람이 달라집니다.
바로 1분 전에 내 의견에 동의하지 않았냐고 하면
멀쩡한 사람을 병신으로 만든다며 눈을 부라리고 얼굴을 붉힙니다.
그렇게 중요하지도 않고, 또 달리 증명할 길도 없어
그냥 넘어가곤 하지만, 강 집사의 행동을 이해할 수가 없습니다.

강 집사는 윤 집사가 매사에 부담스럽고 마음에 걸립니다.
잘 생기고 키도 큰데다가 재력도 있고 학력까지 출중해,
준 것 없이 기분이 상하는 사람입니다.
교인들은 윤 집사라면 모두 다 박수를 치며 대 환영입니다.
뭐든지 안 되는 것이 없고, 뭐든지 못하는 것이 없는 윤 집사이기에,
강 집사의 마음에 항상 열등감을 불러일으킵니다.
둘이만 있을 때는 아무런 부담감도 없이 너무 좋다가도,
갑자기 사람들이 나타나면 순간 반대쪽에 서야 할 것 같습니다.
사람들을 내 편으로 만들어야 한다는 생각 때문입니다.
그래서 윤 집사 말에 부정적인 발언을 하며, 그의 의견을 무시합니다.
그러나 사람들은 그러면 그럴수록 윤 집사를 더욱 사랑합니다.

강 집사는 어떻게든 윤 집사를 이상한 사람으로
만들어야 한다는 사명감에
그 사람 이야기만 나오면 무조건 반대하고,
그 사람에 대해서 좋지 않은 말을 하고,
뭐든지 기분 상해하고, 언제든지 윤 집사의 안티가 되어 살아갑니다.

오늘도 윤 집사는 권사님들에게 둘러싸여 사랑을 독차지하고 있습니다.
권사님들은 젊은 윤 집사의 말에 홀려 까르르거리며
정신을 못 차리고 있고, 윤 집사는 이에 더욱 신이나
손짓 몸짓을 다 동원하여 온갖 아양을 다 떨고 있습니다.
"윤 집사, 자네 어디 출신이야? 코미디과 아니야?
그렇게 잘 웃기는 줄 알았으면 직업을 바꿨어야 하는 건데 그랬어!"
"아, 강 집사. 어서 와.
지금 권사님들과 강사 목사님에 대해 이야기하고 있었어.
내가 그분의 흉내를 조금 냈더니,
권사님들이 격려성 웃음을 보내주시네."
"아니야. 윤 집사. 정말 잘했어.
너무 웃겨서 난 정말 그 목사님이 다시 오신 줄 알았어.
윤 집사가 뭐든지 잘 하기는 하지만 흉내도 잘 내는 줄은 몰랐어.
아휴, 우리 윤 집사는 팔등미남이야. 못하는 게 없어!"
권사님들의 말을 듣고 있는데,

강 집사는 갑자기 가슴에 있던 뜨거운 덩어리가
입안까지 치밀어 오르는 것을 느꼈습니다.
온통 얼굴이 시뻘게지면서 목소리가 높은 톤으로 쏟아져 나왔습니다.
"권사님들은 윤 집사가 목사님 흉내를 내면 야단을 치셔야지,
흉내를 내는 것을 보고 오히려 웃고 박수를 치면 어떡합니까?
권사님들이 그러니까 성도들도 점점
뭐가 옳은지 뭐가 그른지 분별하지 못하지 않습니까?
목사님이 하신 말씀을 기억하고 열심히 살 생각은 안하고
겨우 한다는 짓이 부흥 강사 흉내나 내는 것이라니….
쯧쯧쯧, 그러니 우리 교회가 부흥하질 못하고
요 모양 요 꼴이 아닙니까?"

졸지에 교회 성장부진의 요인이 되어버린 권사님들과 윤 집사는
이 상황을 어떻게 해결해야 할지 정말 곤란했습니다.
강 집사의 말이 틀린 것은 아니지만,
그래도 이 상황을 그런 식으로 해석해버리면
너무 억울하다는 생각이 들기 때문이었습니다.
"아니, 강 집사, 무슨 말을 그렇게 하나?
 서로 재미있자고 한 말이었는데.
교회가 성장하지 못하는 것이 우리들 때문이라니? 그건 좀 심했어!"
"심하다니요? 권사님은 아직도 영적 분별력이 없으십니까?

농담, 우스개 소리, 조크… 이런 것들이 다
교회를 더럽게 하는 말이라고 목사님이 그러셨잖아요?
지금 목사님이 하신 말씀이 틀렸다는 겁니까?"
"그래, 맞아, 강 집사 말이 맞아. 내가 실수했어.
권사님들은 잘못이 없으셔. 권사님들이 은혜 받으신 것 나누고 계시는데
내가 괜히 끼어들어서 문제를 일으켰어.
강 집사 말이 맞아. 말조심 해야 돼.
우리가 별 생각 없이 하는 말과 행동이 하나님을 슬프게 하지.
이제부터 조심할게."

윤 집사가 잘못했다고 말을 하고 있는데,
강 집사의 속은 더욱 메스꺼워졌습니다.
윤 집사가 틀렸다는 것을 지적하면서
자기가 얼마나 똑똑한가를 보여 주려고 한 것인데.
자기를 나타내 권사님들을 자기편으로 만들려고 시작한 일이었는데.
강 집사는 뭔가 자기가 원하는 대로 결과가 풀리지 않는다는 것을
직감할 수 있었습니다.
"아, 난 왜 이 모양이야.
저 윤 집사는 어째서 매사 권사님들의 인심을 사는 거야.
도대체 비결이 뭐야?
하나님도 무심하시지. 하나님 편에서 말하는 나를 도와주셔야지,

목사 흉내나 내는 저 윤 집사를 도우시면 어쩌시겠다는 거야.
이해가 안 돼. 도무지 이해가 안 돼!"

자기의 사연으로 기준을 삼아 사는 사람은 관계가 어그러질 때마다 무엇이 틀렸는지 알지 못합니다. 자기는 자기의 사연에 의거해 최선을 다해 산 잘못밖에 없다는 것을 너무 확실히 믿기에, 무엇이 잘못됐는지 전혀 알 수가 없습니다. 자기가 옳기에 자기 같은 사람들을 만나는 것은 너무 당연한 일이라고 믿습니다. 자기의 기준을 확장시키기 위해 자기 같은 사람을 찾는 노력은 지극합니다. 그러나 재미있는 사실은 자기 같은 사람을 찾으면 찾을수록 그렇게 쉽게 찾아지지 않는다는 것이지요. 그래서 사연자들은 자기 확장을 위해 가지고 있는 모든 자원을 다 동원하여 노력에 노력을 기울입니다.

명 씨는 홀어머니 밑에서 자란 맏딸입니다.
아버지 없이 딸 셋을 낳아 기르시느라고
어머니가 고생을 많이 하셨습니다.
어머니는 악착같으신 분이었고, 성실한 분이었습니다.
세 딸들도 그런 어머니를 닮아서 그런지
시집을 가서도 항상 뭔가 하고 있지 않으면
불안하기가 이루 말할 수 없었습니다.

명 씨의 어머니는 항상 많은 사람들을 도왔습니다.
이 사람에게 싸주고, 저 사람에게 퍼주며,
도와주는 일에 인색하지 않았습니다.
그러다 보니 많은 사람들이 어머니 주위를 맴돌았고,
믿었던 사람들에게 사기를 당하는 일도 잦았습니다.
혼자 살면서 악착같이 일해 어렵게 번 돈을 사기당할 때마다
명 씨네 집은 이루 말할 수 없는 어려움을 겪어야 했습니다.
그럴 때마다 그녀는 엄마처럼 살지 않겠다고 다짐합니다.

명 씨 엄마는 누구를 만나든지 입버릇처럼 말하는 것이 있었습니다.
사람은 자기의 앞 일을 알지 못한다고,
언제 무슨 일이 일어날지 모르는 것이 인생이라고,
아무리 사람들에게 잘 해줘도 악으로 갚는 사람들이 너무 많다고,
세상은 참 악하고 불공평하다고,
하나님이 계시다면 절대 이럴 수가 없다고…,
잘 살려고 발버둥쳐도 못 살도록 정해진 팔자가 있는가 보다고.

명 씨는 시집을 갔습니다.
남편 유 씨는 너무 사람이 좋아
누구와도 잘 어울리고 금방 친해지는 사람이었습니다.
'Yes man' 에다 'O.K. man' 인지라

언제든지 무슨 일이든지 솔선수범하여 사람들을 도와줍니다.
명 씨는 돈 되지 않는 일은 제발 하지 말라고 매번 남편을 교육합니다.
그런데 유 씨는 천성이 워낙 착한 사람인지라
사람들을 돕는 것은 물론이요,
있는 것 다 싸주고, 가진 것 다 퍼주는 바보 중의 바보였습니다.
명 씨는 악착같이 안 주고 안 쓰며 돈을 모으는데,
유 씨는 어떻게든 주고 또 나누어 줍니다.
그러니 집안에 크고 작은 어려움이 끊이질 않습니다.

명 씨를 만나는 사람마다 그녀가 이렇게 말하는 소리를 듣습니다.
다 소용없는 짓이라고.
아무리 애쓰고 수고하며 긁어모아도 흩는 사람은 따로 있다고.
한 푼 쓰지 않고 애써 벌어 모으면, 그 돈의 주인은 따로 있더라고.
다 소용없는 짓이니 대강 하루하루 살면 된다고.
그래봤자 삼시 세끼 먹는 것뿐이라고.
죽으면 재로 뿌려져 한 치 묘 자리도 차지할 수 없다고.

명 씨는 동의해 주는 사람을 찾으려고 만나는 사람마다 핏대를 올리며 외칩니다. 너무 큰 대가를 지불하고 깨달은 삶의 진리이기에 자기처럼 성실히 살아가는 사람들에게 알려주고 싶습니다. 그러나 아십니까? 명 씨가 그렇게 소리를 높이며 자신이 깨달은 진리를 알려주려 해도 사람들은 알려 하지도 않을 뿐더러 듣지도 않습니다. 자기들도 같은 일을 겪어봐야만 그 말의 값을 알게 되지요. 듣기만 하고도 배울 수만 있다면 얼마나 좋겠습니까? 그러면 사람들은 같은 역사를 되풀이하여 쓰지 않을 것입니다. 그러면 사람이 사연으로 작동한다는 말은 거짓말이 되겠지요.

자기 확장화는 자기 생산화로 결론을 내립니다

사연이 악하다고 하는 말은 단지 사람이 사연으로 작동하기 때문만은 아닙니다. 사연은 필히 다음 세대에 영향을 주어 그 사연이 더욱 강화된 상태로 반복되게 합니다. 가을을 탄다는 아버지의 말이 자녀에게 우울증으로 나타나고, 그 우울증이 손자의 자살로 연결되는 것이 사연의 실질적이며 악한 영향력입니다. 사연은 자기를 지속적으로 생존케 하기 위해 더욱 사무친 사연자를 필히 생산합니다. 자기보다 더 심각한 사연자를 생산하는 것이 사연이 가지고 있는 가장 강하고 두려운 영향력입니다.

둘째 아들로 태어난 천 씨는 형 때문에 항상 치어 살았습니다.
월등하게 잘난 형 때문에 항상 빛을 보지 못한 아들이었습니다.
막내는 천 씨가 보기에도 귀엽고 애교 덩어리였으며,
사교성이 높고 싹싹한데 비해
자기는 형처럼 똑똑하지도 못하고, 동생처럼 귀엽지도 않았습니다.

부모님이나 친지들은 의아한 눈으로 둘째를 바라보며,
이구동성으로 쟤는 누굴 닮아 저렇게 무뚝뚝하냐고 묻곤 했습니다.
항상 심통이 나 있는 애처럼 보이고,
언제나 삐쳐서 뾰로통하고 있는 아이처럼 보이는 천 씨는
주위 사람들 시선을 부담스럽게 하고 불편을 주는 아이였습니다.

천 씨는 자기가 왜 그런 인상을 가졌는지 알 수가 없습니다.
사람들은 자기만 보면 왜 화가 나 있냐고 물어보지만,
정작 자기는 화가 나 있지 않을 때가 너무 많았습니다.
화가 나지 않았다고 말해도,
사내자식이 할 말이 있으면 솔직하게 말하고 빨리 끝내지,
풀리지 않은 자질구레한 일들을 속에다 담아두고
항상 우거지상을 하고 산다며,
그러지 말라고 야단을 맞거나 따끔한 충고를 받기가 일쑤였습니다.
자기를 오해하고 핍박하는 사람들 때문에 억울하고 또 억울했지만
자기의 속마음을 까뒤집어 보일 수가 없기에,
매번 그냥 넘어가지 않으면 안 되었습니다.

천 씨는 자랑스러운 형과 사랑스러운 동생 사이에서
정말 없었으면 딱 좋을 아이로 자라갔습니다.
어떻게 저런 애가 내 자식이 됐는지 모르겠다는

아버지의 말을 들으며 자라야 했고,
미운 자식 떡 한 덩이 더 준다는 말을 들으며 자랐습니다.
천 씨는 자기의 상한 마음과 아픈 마음을 달랠 길 없어
나쁜 친구들과 어울리게 되었고,
자신이 고상한 천 씨 집 자식이 아님을 증명하며 자랐습니다.
천 씨는 왜 살아야하는지 그 이유를 몰랐습니다.

천 씨는 느지막이 장가를 들었습니다.
천 씨는 평생 처음으로 살고 싶다는 생각이 들었습니다.
자기를 귀히 여기고 자기만 바라보고 있는 연약한 아내와
갓 태어난 귀여운 아들이 삶의 소망이 되었습니다.
난생 처음으로 열심히 일했고, 성실하게 살려고 애썼습니다.
둘째 아들도 태어났고, 셋째 아들도 태어났습니다.
그런데 이상하게 둘째가 그렇게 마음에 거슬렸습니다.

큰 애에 비해 짜증이 많고 징징거렸습니다.
막내처럼 살갑게 다가오지도 않습니다.
천 씨는 둘째만 보면 화가 치밀어 오릅니다.
어렸을 때 자기의 모습을 보는 것 같아서
너무 싫고, 너무 밉고, 너무 불편했습니다.
둘째 아들을 볼 때마다

가슴으로부터 피맺힌 소리가 쏟아져 나옵니다.
"쟤는 누구 닮아서 저 모양이야? 왜 저러는데?
뭣 때문에 울상이래? 왜 또 화가 났는데?
저 자식은 안 태어났으면 좋을 뻔 했어. 저거 누구 자식이야?"

천 씨는 둘째에게 정말 그러지 말아야 한다고 다짐하고 또 다짐합니다.
자신의 불행했던 어린 시절을 생각하면
아직도 가슴이 아프고 눈물이 고이는데,
왜 똑같은 일을 둘째로 하여금 당하게 하는지….
둘째로 태어나 이해하지 못할 불공평한 대우를 받아
가슴앓이 하며 자란 자기가
둘째를 아프게 하는 장본인이라는 사실에 놀라지 않을 수 없었습니다.
둘째만 쳐다보면 이상하게 살아나는 피해와 억울함!
둘째만 바라보면 놀라우리만큼 치밀어 오르는 분노와 적개심!
둘째만 생각하면 끔찍하게 끓어오르는 비통함과 울분!
천 씨는 조절할 수 없는 무엇인가로부터 조종당하는 자신이
너무 싫습니다.

둘째는 정말 모두가 말하는 말썽쟁이로 성장했습니다.
천 씨는 아무런 희망도 소망도 없이 살아가는 둘째를 보며
옛날의 자기를 보는 것 같아 더욱 마음이 찢어집니다.

"나 때문에 저렇게 됐어. 내가 저놈을 저렇게 만든 거야!
다 내 잘못이야. 다 내 잘못이라고!"
천 씨는 자기의 잘못을 인식하지만
둘째를 어떻게 도와야 할지 몰랐습니다.
천 씨의 부모나 친지들은 남의 일 보듯이 수군거리며
제 아빠 닮아서 그런 것을 어떡하느냐며 혀를 찰 뿐입니다.

사연자는 자기보다 더 사무친 사연자를 생산합니다. 사연을 극복하고 잘 살아가는 사람도 있지만 그런 사람들은 열 손가락으로 꼽을 수 있습니다. 대부분의 경우 사연으로 살아가는 사람은 자기보다 더 병적이고 더욱 악화된 사연자를 생산합니다. 뻔히 쳐다보이는 현실 속에서 자기와 같은 사연자가 생산되는 것을 보면서도 처리할 수 없고, 도와줄 수 없는 것이 사연자의 한계입니다. 그래서 사연자는 자기와 같은 자를 너무 싫어합니다. 그래서 사연은 더욱 악화될 뿐입니다.

4. 사연의 사망신고서, '그리스도'

**하나님은 그런 사람의 운명을 불쌍히 여기사
사연에서 해방시키고 사단의 사망의 굴레에서 구원하기 위해
그 사연의 값으로 자기의 아들 예수를 십자가에 내어 주었습니다.**

사연은 사람을 움직이는 실질적인 세력입니다. 자기 외에 다른 사람들에게는 그 자체를 인정받지 못하는 가짜 이야기지만, 사람은 사연에 성실하기 때문에, 시간이 흐름에 따라 사연은 힘을 얻고 그 사람 자체가 됩니다. 사람이 살아있는 한 사연은 일하고, 사연을 확장하며 사연자를 생산합니다. 사람이 사연을 시작했는데, 사람이 사연의 종이 되어 살아가게 되지요. 어느덧 사람은 사연을 실현하기 위한 도구로 사용될 뿐입니다.

사연은 실세입니다. 사람이 사연으로 살아가는 한 사연은 사람보다 더 큰 힘이 되고 큰 자가 됩니다. 사람이 사연으로 저절로 작동되고, 사연을 조종할 수 없게 될 때 사람은 사연의 종이 되는 것이지요. 사람이 사연으로 작동하지 않으면 사연의 힘은 빠지게 되어 있습니다.

그러나 사람이 무슨 방법으로 사연과 상관없이 작동할 수 있을까요? 유일한 방법은 사람이 죽는 것입니다. 사람이 죽으면 사연이 완전히 힘을 잃지요. 자기를 실현해 줄 도구가 죽었으니 사연은 아무런 힘도 없고, 아무런 의미도 없게 됩니다.

사연의 힘을 빼기 위해 사람이 죽어야 한다면, 사연은 실질적으로 사람 값임에 틀림없습니다. 사연은 사람 값입니다. 생명으로 사연과 맞바꾸지 않으면 사연은 없어지지 않습니다. 사람이 죽어야 사연이 죽습니다. 사연으로 살 수밖에 없고, 죽음으로만 사연을 죽일 수밖에 없는 운명 가운데 살아가는 사람을 향해 성경은 살 길을 제시합니다.

> 내가 그리스도와 함께 십자가에 못 박혔나니
> 그런즉 이제는 내가 산 것이 아니요
> 오직 내 안에 그리스도께서 사신 것이라
> 이제 내가 육체 가운데 사는 것은
> 나를 사랑하사 나를 위하여 자기 몸을 버리신
> 하나님의 아들을 믿는 믿음으로 사는 것이라
>
> (갈라디아서 2:20)

성경이 일러주는 것처럼 사람이 그리스도와 함께 십자가에 못 박혀 죽었다는 이야기와 이제 내가 사는 것이 아니라 내 안에 그리스도가 사신다는 이야기가 무엇을 의미하는지 깨달을 수만 있다면, 사연을 죽이고 사람은 살 수 있는 길이 열려 있음을 알게 될 것입니다. 그러면 소망이 생기지요. 살 이유가 생기고, 살맛나는 삶을 살게 될 것입니다.

사람은 하나님의 형상을 따라 모양대로 지음 받았습니다. 하나님과 교제하며 하나님의 창조적이고 능력 있으며 아름답고 좋은 이야기로 살아가도록 지음 받은 자들입니다. 하나님의 이야기가 사람의 이야기였고, 사람의 이야기가 곧 하나님의 이야기였지요. 그러나 죄로 인해 더 이상 하나님의 이야기로 살지 못하는 사람이 되었습니다. 이 사건이 사람의 모든 사연의 핵심이 되고, 사람은 풀리지 않는 존재로 살아가게 되었습니다. 더 이상 사람의 이야기가 하나님의 이야기가 될 수 없는 깨어진 관계 가운데서 살게 되었고, 하나님의 이야기로 살 수 없는 망가진 사람이 되어 살아가게 되었습니다.

사람은 어떤 이야기든, 이야기로 작동하는 존재입니다. 망가진 사람은 망가진 이야기만 만들지요. 사연으로 살아가는 사람은 사연밖에는 만들 수 없습니다. 사연으로 살아가는 사람은 죽음을 맛봅니다. 원치 않아도 지속적으로 죽을 지경을 반복하며 살아가는 그 사람의 이야기가 자손 대대로 연결됩니다. 사연자 당사자가 죽어도 사연은 죽기 싫어 다른 사람을 사연자가 되게 하여 지속적으로 생존한다는 사실을 이미 아시지요? 사단은 그런 사람의 생존 조건을 이용하여 사연으로 살도록 사연을 강화하며, 사연자가 생산되도록 온갖 정성을 다합니다. 이로써 자기의 권세인 사망 권세를 더욱 힘 있게 하는 것입니다.

사람은 자신의 사연을 스스로 해결할 수 없습니다. 사연을 강화해 자기보다 더 심각한 사연자를 생산하는 것밖엔 할 수 있는 일이 없습니다. 하나님은 그런 사람의 운명을 불쌍히 여기사 사연에서 해방시키고 사단의 사망의 굴레에서 구원하기 위해 그 사연의 값으로 자기의 아들 예수를 십자가에 내어 주었습니다. 사람이 죽고 나면 새로운 이야기로 살아갈 수 있는 기회가 없기에, 하나님이 그 죽음의 값을 스스로 치르시고, 사람으로 다시 살 수 있는 기회를 허락하신 것입니다. 그 사실을 믿음으로 받아들이는 사람은 사연으로부터 해방되어 자유롭게 살 수 있는 길로 들어서는 것이죠. 그러므로 사연이 아닌 하나님의 이야기로 살 수 있는 새로운 인생을 시작하게 되는 것입니다.

사연은 사람을 풀어주지 않습니다. 그래서 사단은 사람의 사연을 통하여 일하지요. 사단이 사람을 직접 움직일 수 있는 방법은 없습니다. 사람은 이야기로 움직이기에, 사람을 움직일 수 있는 유일한 방법은 그 사람의 사연을 이용하는 것입니다. 어떤 이야기든 이야기를 가지고 살아가는 사람의 창조적 질서를 알고 있기에, 사단은 사연을 통해 일하고, 사연을 강화하도록 사람을 계속 부추깁니다. 사람이 사연으로 살아가는 한 그 사람은 점점 죽고 사연은 점점 강하게 살아납니다.

한 가지 흥미로운 사실이 있습니다. 사연이 크면 클수록 작은 사연은 힘을 발휘하지 못합니다. 한 사람의 사연이 아무리 기가 막히다 해도, 그 사연보다 더 기막힌 사연을 만나면, 작은 사연은 큰 사연에게 자리를 내어주어야 하지요. 이것이 이야기의 질서입니다.

기억하시는지 모르지만, 하나님도 사연이 있다는 사실을 아십니까? 십자가에서 죽은 아들의 이야기가 아직 모든 사람이 알고 믿는 이야기가 아니기에, 하나님은 아직 풀리지 않는 이야기를 가지신 분이십니다. 사연자는 사연밖엔 모른다고 했듯이 하나님은 예수밖에는 알고 싶은 것이 없습니다. 예수만 믿으면 모든 사연은 다 풀어지고, 해방되고, 자유롭게 해주십니다. 하나님의 사연보다 더 큰 사연은 없기에 어떤 기막힌 사람의 사연이라도 하나님은 자신의 이야기로 맞바꾸시기를 서슴지 않으십니다. 하나님이 사람을 너무 사랑하셔서 자기 아들 예수를 십자가에 못 박아 죽게 하신 그 이야기가 너무 커서 어떤 사람의 사연이라도 그 이야기 앞에 선 자리를 내어주지 않을 수 없습니다. 사람의 사연이 아무리 커도 하나님의 사연 앞에 머리도 들지 못합니다.

　죽음의 값으로 내어주었던 예수는 하나님의 능력으로 삼일 만에 다시 살아나셨습니다. 사람도 살리고, 당신도 사셨습니다. 사람을 살리고 당신은 죽었다면 무슨 소용이 있겠습니까? 당연한 값을 치르고 끝난다면 하나님이라고 부를 수 없습니다. 사람도 살리고 그도 사셨기에 예수는 사람들이 믿을 수 있는 대상이십니다. 이제 사람이 사연에서 해방되고 다시 살 수 있는 기회가 생겼으니, 하나님의 이야기를 자기 이야기로 삼아 살아야 합니다. 하나님과 교제하며 살아야 합니다. 예전처럼 하나님의 이야기가 사람의 이야기가 되고, 사람의 이야기가 하나님의 이야기가 되는 것입니다. 사람이 하나님처럼 살아가는 생활의 장이 열린 것입니다. 그러므로 사람은 하나님의 것이 되고, 하나님의 이야기를 자기 이야기로 삼고 살게 된 것입니다.

믿으십시오.
사람이 사연을 붙들고 살면 필히 죽고
하나님의 이야기를 붙들면 반드시 삽니다.
당신의 이야기가 사단의 이야기가 되지 않도록
사연에게 종노릇하지 마십시오.
사연으로부터 해방되십시오.
그렇지 않으면 당신의 자손들이 대대로 사연자가 되어
죽음만 맛보며 살게 될 것입니다.

생명이 있습니다.
예수를 믿으십시오.

도은미의 **1분 강의실**

"사연은 사람을 죽이는 악한 실세입니다"

1. 사연은 객관성 없이 주관적으로 꾸며진 가짜 이야기다. 그럼에도 사연은 삶의 강력한 원동력이며 사람을 움직이는 실권자다.

2. 사람은 사연에 따라 성실하게 일하며, 사연도 사람에게 성실하게 봉사한다. 가짜 이야기인 사연을 풀어야 가족도, 가정도 성숙해진다.

3. 사연은 '성실한 열등군'의 결합체. 사람이 스스로 만들어 자신을 그 안에 가두고 다시는 빠져 나올 수 없도록 만드는 가장 강력한 올무다. 사연자는 자기 증명에서 시작해 자기보다 더 심각한 사연자를 생산하는 것으로 결국 한 많은 사연 인생을 마감한다.

4. 사람이 죽어야 사연이 죽는 것이 원칙이지만, 성경은 사람은 살고 사연만 죽는 길을 제시한다. 그리스도의 죽음은 사람의 사연을 하나님의 사연으로 바꾸고 살 길을 열어주셨다.

3부 ─ 사연의 특징

사연은 함께 움직이는 조직폭력단입니다

1. 사연은 4가지 심리와 함께 활동합니다

사연은 절대 혼자 일하지 않습니다.
너무도 많은 기능들을 자기 것으로 만들어 함께 일사불란하게 일합니다.

　　　　　사연은 자기 강화와 생존을 위해 작동하는 특별한 방법이 있습니다. 사연은 체계적으로 일하며 시스템적으로 일합니다. 톱니바퀴가 서로 이가 물려 돌아가듯 사연도 여러 가지 조건을 갖추며 시스템적으로 작동합니다. 사연이 시스템적으로 작동한다는 말은 한 사람의 모든 느낌과 생각 그리고 말과 행동이 전체적으로 연결되어 서로 맞물려 돌아간다는 것입니다. 맞물리기까지는 시간도 걸리고 힘도 들지만 일단 맞물리면 자동으로 작동되는 것이 시스템적으로 움직인다는 의미입니다. 사람은 자기가 그렇게 작동하는지조차 알아차리지 못합니다. 사연은 그 사람 자체가 되니까요.

　사연은 마치 갱단처럼 움직입니다. 갱단은 아무리 의리로 뭉쳐 있고 서로 사랑한다 할지라도 존재 목적과 방법이 선하지 않습니다. 그러나 집단의 유익을 위해서 또 무엇인가를 이루기 위해서라면 똘똘 뭉쳐 수단과 방법을 가리지 않고 목적을 성취합니다. 나름대로 법도 있고 규칙도 있지만, 갱단의 존재 이유가 선할 수는 없습니다.

사연도 마찬가지입니다. 사연은 풀리지 않은 말들의 집단입니다. 집단을 이루는 말 한마디 한마디가 다 풀리지 않은 말들인지라 웬만하면 서로 건드리지 않습니다. 말 자체가 이론적이거나 논리적이지 않아도 그 말이 대강 자리를 잡으면 말들은 서로 건드리지 않으려고 애씁니다. 서로 부딪히면 좋을 것이 없기 때문이지요. 풀리지 않은 말들은 서로 의리로 똘똘 뭉쳐 새롭게 일어나는 사건들을 풀어보겠다고 사생결단을 합니다. 그러나 말들 자체가 다 역기능적이기 때문에 사건을 잘 풀어갈 수 없습니다. 풀겠다고 할 때마다 갱들이 하는 것처럼 위협하고, 싸우고, 다치고, 죽는 일이 일어납니다. 사연은 풀리지 않고 더욱 강화되지요.

사연은 절대 혼자 일하지 않습니다. 너무도 많은 기능들을 자기 것으로 만들어 함께 일사불란하게 일합니다. '오야붕' 사연이 움직이면 다른 모든 기능들도 '똘만이' 처럼 함께 움직입니다. 오야붕이 움직이는데 똘만이가 가만히 앉아 있을 수 없는 것과도 같습니다. 오야붕이 시키는 대로 또 눈치껏 알아서 척척 움직여야 하는 것입니다. 사연이 작동되면 모든 것이 저절로 사연에 의거해 움직입니다.

2. 사건의 값을 결정하는 '허세심리'

사건이 터지는 순간 사연자는 사연에 사무친 만큼 사건에 값을 매깁니다.
사연의 값이 크면 클수록 사건의 값도 크게 매겨집니다.

옛날에 불렸던 노래 가운데 허세를 잘 나타낸 노래가 있습니다. '양복 입은 신사' 입니다.

양복 입은 신사가 요리 집 문 앞에서 매를 맞는데
왜 맞을까 왜 맞을까 원인은 한 가지 돈이 없어.
들어갈 땐 뽐을 내며 들어가더니 나올 적엔 돈이 없어 쩔쩔매다가
뒷문으로 살금살금 도망치다가
매를 맞누나 매를 맞누나
으하하하 우습다. 이히히히 우습다
하하하하 우습다 호호호호 우습다
돈 없으면 집에 가서 빈대떡이나 부쳐 먹지.

한 푼 없는 건달이 요리 집이 무어냐 기생집이 무어냐.

이것은 돈 없는 신사가 요리 집에 가서 술을 마시고 허세를 부리다가 그 값으로 얻어맞는 것을 풍자한 노래입니다. 지금은 거지 신세가 된 사람이지만, 전쟁 전만해도 정말 잘나가는 신사였음을 증명하고 싶은 한 사람의 심리를 잘 전하고 있습니다. 걸인 신사의 절박한 마음, 즉 얻어맞아 죽는 한이 있어도 요리 집에 가서 먹어야만 하는 양복 입은 걸인 신사의 절박한 심정을 너무도 잘 그려낸 노래입니다. 돈이 없으니 집에 가서 빈대떡이나 부쳐 먹고 막걸리나 받아먹어야 함을 누구는 모르겠습니까? 그러나 그 사람의 마음은 그 당연한 사실을 현실로 받아드릴 수가 없는 것입니다. "내가 누군데…"

사연으로 작동하는 사람마다 자기를 증명하는 데 온갖 에너지를 다 사용합니다. 현실에 비친 자기의 실질적인 모습을 받아들일 수 없어서 허세를 부리며 자기의 값을 올리려고 애씁니다. 사연에 사무친 자기를 증명하는 데 급급한 나머지 사건이 터질 때마다 현실을 직시하지 못합니다. 사람들의 관심은 터진 사건 자체에 있는데, 사연자의 관심은 사건 속에 있는 자기 자신에게 있습니다. 사연자는 매번 사건과 자기를 혼동합니다. 그래서 사건만큼 사건의 값을 쳐주지 못하고, 자기 사연의 값만큼 매깁니다. 그래서 사람들이 매긴 값과 많은 차이를 냅니다.

딸아이가 설거지를 하다가 유리컵을 깼습니다. 그러면 이에 대한 엄마의 반응은 유리컵을 깬 것만큼의 반응이어야 합니다. 그래야 사건에 제 값을 매기는 것입니다. 그런데 유리컵을 깬 사건에 대해 과잉 반응을 보이거나 과소 반응을 보인다면 사건에 제 값이 매겨지지 않아 사연을 만드는 계기가 됩니다.

"쟤는 누굴 닮았기에 허구한 날 저렇게 말썽을 피느냐" "누구 욕을 먹이려고 저렇게 덤벙대느냐" "지 애비 말썽 피우는 것도 견디기 어려운데 자식들도 이렇게 말썽을 피니 더 이상 힘들어서 살 수가 없다" 등등. 사건에 비해 과잉 반응을 보이는 것은 사건에 자기 사연 값을 매겼기 때문입니다. 그래도 속이 풀리지 않아 딸아이에게 소리치며 이렇게 말합니다. "니 애미가 조금 쉬는 꼴을 못 보지! 지 애비 닮아서 애미 쉬는 꼴을 못 봐!" 소리를 지르며 퍼붓던 엄마가 갑자기 딸아이한테 말합니다. "일어나. 신발 신어. 산에 가자. 나중에 시집가서 애미가 잘못 키워 살림 못한다는 소리 듣게 해서 애매한 애미만 억울하게 만들지 말고, 아예 산에 가서 죽어버리자. 애매한 소리 들으며 사는 것도 이제 더 이상 못 견디겠다, 이젠 지쳤어. 어서 신발 신어. 가자. 산에 가서 죽자!"

사건이 터지는 순간 사연자는 사연에 사무친 만큼 사건에 값을 매깁니다. 때로는 정말 큰 사건이 터졌는데도 무관심하게 넘어가 버리는 경우도 종종 보지요. 여하튼 사연자는 주위에서 일어나는 사건들을 잘 받아들이지 못하고 잘 처리하지 못합니다. 사건에 제 값을 매기지 못하지요. 그래서 또 사연을 만듭니다.

호 씨는 물건을 살 때마다 깎는 버릇이 있습니다.

백화점이건 시장이건 가릴 것 없이
물건을 살 땐 꼭 깎아야 직성이 풀리는 사람입니다.
물건을 깎는 과정에서 자기가 원하는 만큼 깎아주지 않으면
꼭 필요한 물건인데도 사지 않고 돌아서기가 일쑤입니다.
자기를 무시한 것처럼 느껴져서 깎아주지 않은 상점 주인이 괘씸합니다.
"손님이 조금 깎자고 하면 못 이기는 척 하고 깎아줘야지,
끝까지 안 깎아 주면 손님 체면이 뭐가 되요?
장사를 할 줄 몰라도 저렇게 할 줄 몰라서야, 쯧쯧쯧!"

호 씨는 물건을 살 때 상인이 자기가 원하는 대로 값을 깎아 주지 않으면 무시당했다고 생각합니다. 신용 사회를 이루어 가기 위해서라도 많은 가게들이 정찰제로 물건 파는 것을 연습해야 하는 이때 호 씨는 사회의 흐름이나 발전은 아랑곳없이 자기-중심적-정찰제를 실시합니다. 어떤 물건도 타인이 정해 놓은 값에 따라 온전한 값을 치러줄 수 없습니다. 왜 그러냐고 물으면 답하기는 곤란하지만 그냥 호 씨의 마음이 그렇습니다. 다 주고 사면 말 그대로 바보가 되는 것같이 느껴지기 때문입니다.

호 씨 어머니는 참 억척같은 분이셨습니다.
아버지가 변변치 않으셔서 어머니가 장사하여 돈을 버셨습니다.
아버지는 항상 엄마에게 '장사치'라는 말을 하셨고,
어머니는 항상 아버지에게 '바보천치'라고 하셨습니다.

아는 것은 많았으나 돈 버는 능력은 없으셨던 아버지는
평생 돈 한 푼을 집에 들여놓지 못하셨던 무능력자였습니다.
그런 아버지에 비해 배운 것도 없고 아는 것도 없는 어머니는
하는 일마다 돈이 되고, 만나는 사람마다 돈 벌 수 있도록
도와주는 사람들이었습니다.
그래서 어머니는 '장사치', 아버지는 '바보천치'라는 이름으로
평생 서로 앙숙이 되어 사셨습니다.

호 씨의 아버지는 장손 집안의 장손인지라
체면을 목숨보다 중히 여겼습니다.
물건을 사도 한 푼 깎지 못했고,
누구라도 만나면 점심 값은 당신이 내야 했습니다.
커피 한 잔을 얻어먹지 못하는 위인인지라,
돈이 없으면 아예 집 밖에도 나가지 않는 분이셨습니다
호 씨 어머니는 그런 아버지를 제 주제를 모르는 사람이라고 불렀고,
자식들 앞에서도 아버지의 체면을 구겨버리는 말을
서슴지 않고 하셨습니다.
호 씨는 그런 어머니가 무서웠고, 그런 아버지가 불쌍했습니다.
조금만 실수를 할라치면
"지 애비 닮아 변변치 못해 저렇다"며 핀잔을 받았던 호 씨는
죽어도 아버지 같은 사람은 되지 않아야 한다고 수도 없이 다짐했습니다.

어머니를 좇아 시장에 갔을 때의 일입니다.
어머니가 물건을 사고 있는데,
호 씨가 상점 아저씨에게 느닷없이 이렇게 말했습니다.
"아저씨, 우리 엄마가 이 물건 꼭 사야하는데, 기분 좋게 좀 깎아주세요.
아까 옆집에서는 천 원이 더 싸던데… 조금만 깎아주세요. 네?"
물건을 집어 들고 있던 엄마가
호 씨의 말에 놀랐다는 듯이 쳐다보며 칭찬을 했습니다.
"어쭈, 얘가 물건을 깎을 줄 알고… 자식! 지 애비와는 다른 데가 있네.
그래, 인석아 물건을 살 때는 조금씩 깎으면서 사는 거야. 알았어?
아저씨, 우리 아들이 지 애미를 위해 이렇게 간절히 깎아달라고 하는데,
단 돈 천 원이라도 깎아 줘야 하지 않겠어요? 애를 봐서라도!"

칭찬에 인색하신 어머니가 호 씨의 말에 감동을 하셔서
정말 잘하지 않던 칭찬을 한 것이었습니다.
호 씨는 너무 기뻤고, 그 순간을 가슴에 새겼습니다.
그 사건은 호 씨가 아버지와 같이 '바보천치'가 아니라는 것을
증명한 사건이 되었고,
능력 있는 어머니에게 인정받는 순간이었습니다.
그래서 호 씨는 오늘도 물건을 살 땐
물건 값을 조금이라도 깎지 않고는
도저히 살 수 없는 사람으로 살아갑니다.

호 씨에게 절대 정찰제란 없습니다.
어머니가 그의 마음의 진정한 정찰제입니다.

사연자는 사건과 자기를 혼동합니다. 사건만 터지면 자기를 증명해야 하는 기회가 왔다고 믿기 때문에 자동적으로 사연에 사무친 만큼 사건을 확대시킵니다. 내가 얼마나 힘들게 사는지를 알려주기 위해서라도 작은 사건을 작게 놔둘 수 없습니다. 사건의 크고 작음이 문제가 아닙니다. 어떤 사건이든 간에 기회만 생기면 자기의 사연을 증명하고 확장하는 기회로 삼아야 합니다. 사건마다 사연의 크기만큼 확대시켜 사연의 언어로 해석하고, 사연으로 풀어가야만 사연이 확장됩니다. 그러나 그럴수록 사건은 묶이고, 사연은 더욱 강화될 뿐입니다.

7살 난 아들 재석이가 물을 엎질렀습니다.
재석이가 말썽을 필 때마다 최 씨는 화가 나서 견딜 수가 없습니다.
재석이가 무엇을 하던 최 씨는 버거운 문제로밖엔 생각되지 않습니다.
회사에 갔던 남편이 퇴근하여 돌아오면
편안하게 놀다 들어온 사람처럼 느껴져 짜증이 나고 화가 치솟습니다.
최 씨의 남편은 왜 자기만 보면 짜증을 내냐고 아내에게 묻지만
똑 부러지게 짜증의 이유를 설명할 수 없어 답답하기만 합니다.
짜증나는 건 사실인데 그 이유를 설명할 수 없습니다.

짜증이 더 나는 것은 남편에게 자기가 짜증나는 이유를
설명해야 한다는 것입니다.
왜 자기는 짜증도 마음대로 못 부리는지,
왜 남편한테 짜증이 나는지를 설명해야 하는지 등등,
모든 것에 대해 화가 나고 모든 것이 다 짜증스럽습니다.

남편이 회사에서 돌아와 얼굴을 찌푸리며 피곤하다고 하면,
그 말이 곱게 들리지 않습니다.
'당신은 하루 종일 집에서 쉬니 얼마나 편해?'
라는 말처럼 들려 화가 납니다.
"누군 집에서 노는 줄 알아요?
애 치다꺼리 하느라 한 순간도 쉴 새가 없어요.
나도 나가서 돈이나 벌었으면 더 좋겠어요."
피곤하다는 말 한마디에 얼굴 조금 찌푸린 것밖엔 없는데
마치 남편을 잡아먹기라도 할 듯 달려드는 자신이
이해가 되지 않아 더욱 화가 납니다.

남편이 맛있게 밥을 먹어주지 않아도 최 씨는 화가 납니다.
자기의 음식솜씨에 문제가 있는 것이 아니라는 것을
알려줘야 할 것 같은 마음이 듭니다.
"오늘 시장에 갔다 왔는데, 반찬 꺼리가 변변치 않더라고.

당신이 생활비만 넉넉하게 줘봐. 반찬 빵빵하게 차려줄 수 있지."

최 씨는 남편이 연락도 없이 회사에서 조금만 늦어도
그냥 지나갈 수가 없습니다.
조그마한 걱정으로 시작해 남편이 들어올 때쯤이면
이미 사고로 죽은 남편의 장사까지 다 치르고,
벌써 다른 사람과 재혼하여
재석이 문제로 맘고생하며 사는 데까지 생각이 와 있기 때문입니다.
그래서 연락도 없이 늦게 들어오는 남편이 무척 밉습니다.

최 씨는 남편을 보자마자 버럭 화를 내고,
상상치도 못할 과격한 말과 행동을 서슴지 않습니다.
남편은 도저히 이해가 되지 않아 고개를 저으며 혀를 찹니다.
"여보, 겨우 한 시간 늦은 거야. 한 시간.
매일 일어나는 일도 아닌데, 당신 왜 그렇게 오버 해?"
남편의 말을 들으면서 더욱 화가 나는 것은
자기가 느끼기에도 자기 자신이 너무 이상한 사람 같기 때문입니다.
그러나 그렇게 인정할 수는 없는 노릇이기에 또 화가 납니다.
"그게 어째서 별 일이 아니에요?
난 지금 옷 갈아입고, 경찰서와 병원으로 달려갈 생각이었다고요.
사고가 났나 싶어 맘 조리다가, 아무 탈 없이 돌아온 당신을 보고 기쁘기도 하고 화가 나기도 하는 내가 오버하는 거라고요?
내가 당신에게는 조그마한 일에도
과잉 반응하는 여자로밖엔 안 보이죠?
언제까지 이렇게 살 순 없어요. 우리 헤어져요."

 사연의 값이 크면 클수록 사건의 값도 크게 매겨집니다. 사건을 통해 자기를 증명해야 하기 때문에 자연적으로 사연의 크기만큼 사건을 확대시킵니다. 그래서 허세를 부리게 되지요. 허세가 강하게 작동되면 작동될수록 그 사람이 원하는 사건의 값이 얼마인가를 알 수 있습니다. 사건이 곧 자기 사연의 값을 알릴 수 있는 절호의 찬스가 되기 때문입니다
 아이러니한 사실은 사연자가 사건에 값을 매기면 그 값을 인정하고 지불해야 하는데 현실은 절대 그렇지 못하다는 것입니다. 그 사건에 매겨진 값을 보고 아무도 그 값에 동의하지 않을 뿐더러 그 값을 치를 생각은 더더욱 없습니다. 모두가 다 그 매겨진 값을 외면하고 각자 자기가 생각하는 대로 사건의 값을 새로이 매깁니다. 사연자가 부여한 사건의 값이 너무 커서 상대방에게 또 다른 사연을 만들기에 충분한 자료로 사용되기까지 합니다. 있던 사연은 더욱 강화되고 또 다른 사연까지 만들어지니 사연의 덩어리는 더욱 커져갈 뿐입니다. 정말 끊이지 않는 악순환입니다.

3. 사연자의 마땅한 권리, '보상심리'

약자를 통해 자기의 사연을 보상받으려는 사연자의 심리는 절박합니다.
핍박을 통해 약자인 것을 확인하고, 그 약자를 통해 자신의 사연을
보상받는 것이 목적이기 때문에 사연자의 마음은 그것이 이루어지고 있다는
사실만으로도 안정감을 갖습니다.

사연은 허세를 통해 자기의 값을 알립니다. 허세를 부린다는 것은 값을 매긴 만큼 보상을 원한다는 또 다른 메시지입니다. 사람들이 보기에는 허세를 부리는 것이지만 사연자에게는 더할 나위 없는 필요적 행위였기에 보상받아야 할 마땅한 권리를 주장하며, 상대방에게 보상해야 하는 책임과 의무를 요구합니다. 억지를 써서라도 그 보상을 받아내기 위해 갖은 애를 씁니다. 어떤 수를 써서라도 자기가 원하는 보상을 받아야 한다고 굳게 믿기 때문입니다. 그 값을 보상해 주지 않는 모든 사람들은 사연자의 적이 되고, 끝내는 원수로 취급됩니다. 관계는 단절되고, 무엇 때문에 고립되어 사는지 그 이유도 잘 모르면서 온 사방에 원수를 두고, 그들과 전쟁하며 괴롭게 외롭게 살아갑니다. 사연은 날마다 더욱 커지고, 사연자는 더욱 심하게 묶이게 됩니다.

약자 찾아 삼만 리

허세는 사연의 절대 값입니다. 보상은 이에 대한 당연한 권리이지요. 그러나 사람들은 사연자가 값을 매긴 대로 보상해주지 않습니다. 그래서 사연자는 아무리 허세를 부려도 그 값을 그대로 받아들여 보상해줄 수 있는 사람을 찾습니다. 그래야 사연풀이가 되기 때문입니다. 자기보다 강한 자는 자기의 사연을 무시하거나 얕잡아 볼 것이니 그런 사람은 사연의 보상자가 되기에는 적합하지 않습니다. 사연을 가진 자기보다 약하고, 오히려 자기의 사연에 감탄하고, 허세를 통해 매겨 놓은 사연의 값을 깎지 않고 그대로 보상해줄 사람, 그런 사람을 찾아 사연풀이를 시작합니다. 그래서 사연자는 약자 찾아 삼만 리를 해맵니다. 약자를 못 찾으면 자기가 죽기에 사연자는 살아남기 위해서라도 꼭 약자를 찾아야 합니다.

사연자는 스스로의 사연에 대해 강합니다. 약자를 찾은 사연자는 약자를 자기의 사연을 풀어주는 동역자로 귀히 여기지 않습니다. 약자를 깔봅니다. 혹시 자신이 사연자에게 얼마나 필요한 존재인지를 알아버리면 약자가 없어질 수도 있기 때문에 얕보고 깔봄으로 자기의 조종권에서 꼼짝달싹하지 못하도록 합니다. 약자는 강자의 조종을 받으며, 강자에게 잘 보이려고 갖은 애를 쓰며 삽니다. 약자는 사연자를 자기의 은인처럼 생각합니다. 목숨을 걸고 최선을 다해 사연을 풀어주려고 애씁니다. 그럴수록 사연자의 조종은 치밀해지고, 학대는 심해지며, 비인격적 관계는 지속됩니다.

약자가 생각보다 쉽게 사연의 값을 쳐주는 것 같으면, 약자를 통해 사연의 값을 한층 더 올리는 일도 일어납니다. 약자가 사연자의 사연에 동의하고 감동하며, 사연자가 시키는 대로 움직이고 조종되는 것을 통해 사연자는 야릇한 기쁨을 느낍니다. 사연자는 동조자의 출현을 통해 삶의 의미도 느끼고, 힘도 생기며, 뭔가 된 것 같은 착각 속에도 빠져들게 됩니다. 이로써 사연자와 약자의 만남이 병적인 싸이클로 작동되기 시작합니다.

사연자와 약자의 만남은 '관계의 짝'을 이룹니다. 사연자 혼자서는 사연의 값을 매기고 그 값을 보상받지 못합니다. 아무리 홀로 허세를 부려도 소용없는 짓입니다. 마치 조역을 맡은 자가 주역을 빛나게 해주어야 하는 것처럼 약자는 사연자를 빛나게 해주는 조연 역할을 충실히 감당해야 합니다.

약자는 자기의 능력을 다 발휘해 사연자의 사연을 만족시키려고 애씁니다. 자기를 희생하며 자기의 인생을 바쳐 오직 사연자를 위해 살아갑니다. 이해할 수 없어도, 너무 한다는 생각이 들어도, '이건 아니다' 라는 마음이 들어도, 사연자가 원하는 대로 끝까지 다 만족시켜보려고 갖은 애를 씁니다. 그러나 사연자는 만족해하지도 않고, 좋아지지도 않으며, 오히려 더욱 고약해지고, 더욱 허세를 부리고, 갚아야 하는 사연의 값은 더욱 높아집니다. 약자는 한계에 부딪히고, 사연은 시작됩니다. 약자가 병듭니다.

흥미로운 사실은 사연자는 왜 약자가 병이 들었는지 이해하지 못한다는 것입니다. 오히려 약자가 병든 것이 못마땅하고 속상합니다. 변변치 못해 항상 저렇다며 핀잔을 줍니다. 오히려 자기를 불편하게 하는 또 한 사람이 생겼다며 심히 괴로워합니다. 어찌 이렇게 한 사람도 제대로 된 사람이 없냐며 자기중심적인 말만 반복합니다. 속이 쓰리도록 훑어 내리는 소주를 들이키며 썩어져가는 자기의 마음을 달래느라 애를 씁니다. 깊은 한숨이 섞인 담배 연기를 가슴으로부터 뿜어내며 지지리 복 없는 자신의 인생을 한탄합니다.

약자의 특징

약자는 사연자의 천생연분적 '관계의 짝'이 되기 위해 몇 가지 특징을 갖추고 있어야 합니다. 그 첫째가 '착한이 증세'입니다. '착한이'는 말 그대로 '착한 사람'이라는 뜻입니다. 착한 사람은 좋은 것입니다. 그러나 '착한이 증세'는 병입니다. 이는 역기능적인 관계를 형성하기 때문입니다. '착한이 증세'를 가진 자마다 자기가 착하다는 것을 증명하기 위해 해야 할 말을 하지 않고, 해야 할 일을 하지 않으며, 하지 말아야 할 것도 마음을 속이며 억지로 합니다. 자기의 뜻을 세우지 않고, 자기가 원하는 것을 이루지 않는 사람이기에 상대방이 이용하고 사용하는 자들입니다.

착한이 증세를 가진 사람은 자기 색깔이 없습니다. 타인의 색깔에 기꺼이 자기를 맞추는 사람이지요. 그래서 사연자의 어떤 요구에도 거절이나 거부를 하지 않는 특징이 있습니다. 엄청난 값을 치르면서도 사연자가 원하는 것이라면 무엇이든지 다 들어준다는 사명으로 살아갑니다. 자기에게 피해가 되고, 아픔이 되고, 평생 지울 수 없는 상처가 되고, 운명적인 사연이 되어도 사연자의 요구 들어주기를 쉬지 않습니다. 그래서 병적인 '착한이'가 되고, 착한이 증세를 앓지요.

두 번째 증상은 '고무줄 경계선'입니다. 사람은 누구나 자기를 보호하고 지키기 위해 그어 놓은 선이 있습니다. 이를 '정체성적 경계선'이라고 합니다. 타인이 자신에게 어느 정도까지 접근할 수 있는지 알려주는 선입니다. 건강한 사람은 자기를 보호하기 위해 경계선을 정하고 여러 가지 방법을 통해 상대방에게 그 선을 알려주는 일을 쉬지 않습니다. "여기까지는 접근해도 좋지만, 이 선 후로는 접근불허입니다. 이 선을 넘어오면 나를 보호하기 위해 내가 무슨 짓을 할지 모릅니다"라는 사인을 보여주고 알려줍니다. 그래야 건강한 것입니다. 그런데 사연자에게 선택된 약자에게는 이 선이 정확하지 않습니다. 어디까지가 접근선인지, 어디까지가 접근불허선인지 사인이 정확하지 않아 사연자가 자기 마음대로 약자를 넘나듭니다.

착한이 증세를 가진 약자에겐 안 될 것 같은 것도 밀어붙이면 됩니다. 약자의 경계선은 사연자에 의해 언제든지 늘었다 줄었다 합니다. 그래서 약자의 경계선을 '고무줄 경계선'이라고 하는 것입니다.

세 번째 특징은 '완벽주의자 증상'입니다. 항상 완벽하지 못한 자기를 탓하며, 더욱 완벽해지기를 소망합니다. 어떤 사람도 나를 판단하여 잘못을 지적할 수 없도록 틈새를 내지 않아야 합니다. 항상 최선을 다하고 최

고여야 합니다. 조금이라도 잘못한 것이 지적되면 견디지 못합니다. 자기를 자학해서라도 최고의 선을 유지하려고 애를 씁니다. 그러나 막상 누가 잘했다고 칭찬이라도 할라치면 손을 흔들며 그 칭찬을 받아내지 못합니다. 더욱 잘할 수 있었다고 자책하며 자학합니다. 자기혐오 증세를 앓습니다. 그래서 사연자가 자기를 지적하면 그것이 진리인줄 알고 괴로워하며 더욱 완벽해지려고 애를 씁니다. 끝이 없는 싸움입니다.

'완벽주의자 증상'은 약자가 사연자에게 칭찬을 듣기 위한 최고의 수단입니다. 약자는 사연자의 마음에 들기를 간절히 소원합니다. 그러나 그런 아름다운 상호적 반응은 이런 역기능적인 관계에서 기대할 수 없습니다. 약자는 더욱 완벽해지려고 애쓰고, 사연자는 그 완벽을 무너뜨리려고 애쓰고…. 서로 악순환적 운명 가운데 살아갑니다. 약자의 완벽을 인정해주면 약자가 커버려 더 이상 자기를 섬겨주지 않을까 봐, 그러면 보상해 줄 사람이 없어질까 봐, 사연자는 절대 약자를 칭찬하거나 크도록 허락하지 않습니다. 악순환은 악화되고, 병은 자리를 잡습니다.

네 번째 증상은 약자의 '자기 비하적 언어 사용'입니다. 약자는 언제나 자기가 한 일에 대해 바른 값을 쳐주지 않습니다. 마음은 참 잘했다고 말하는데, 겉으로 표현할 땐 항상 잘못했다고 말합니다. 마음은 그렇지 않지만 말로 그렇게 표현함으로 사람들로 하여금 아니라는 소리와 함께 칭찬을 듣고 싶기 때문입니다. 그런 반응을 반복함으로 상대의 칭찬소리가 계속되기를 원하는 얕은 수단이기도 하지만 그런 반응에 순순히 응해 줄 사연자는 없기에 성공하지 못합니다. 사연자가 아니더라도 약자가 칭찬의 소리를 받지 못한다는 사실이 드러나면 사람들은 하던 칭찬도 멈추게 됩니다. 그러면 약자는 또 다시 자기 완벽을 위해 온갖 애를 쓰며 갖은 수고를 다 합니다. 정말 끊이지 않는 악순환입니다.

약자는 자기를 표현할 때 자기 비하적인 언어를 사용합니다. 마음은 그렇지 않습니다. 그러나 사람들에게 자기를 표현할 때는 '못난 놈' '불효자' '얼간이' '덜떨어진 인간' 등 자기비하적인 언어를 사용해야 한다고 느낍니다. 그래야 사람들이 자기를 좋아할 것이라고 생각합니다. 그래야 옳다고 느낍니다. 왜 그렇게 자기를 비하하냐고 물으면 비하가 아니라 현실이라고 반응합니다. 이런 반응에 대해 사람들은 "그 사람 참 겸손하구나"라고 생각하기보다 그 사람한테 왠지 "비린내가 난다"라고 반응하기가 일쑤입니다. 그들은 돌아서며 말합니다. "저 사람 도대체 왜 저래?"

약자는 자기의 아내를 소개하거나 자식을 소개할 때도 비하적인 단어를 사용합니다. "우리 할망구" "우리 뚱땡이" "우리 못난이" "쓸데없는 놈" "밥만 축내는 인간" "대가리 텅 빈 놈" "우리 날라리" 등등. 정말 귀하고 사랑하는 사람들인데도 그에 걸맞은 단어를 사용하지 않습니다. 언제든지 사람을 낮추는 말만 골라서 사용합니다. 타인들에 대해서는 관용적이면서도 막상 자기나 자기에게 속한 사람들에게 대해선 조금도 넉넉하지 않습니다.

다섯 번째 증상은 '더 큰 사연자 증상' 입니다. 약자로 살아가는 과정을 통해 사연자보다 더 큰 사연을 준비합니다. 약자가 성장하여 어느 날 사연자로 자리를 잡으면 선배보다 더 심한 사연자가 됩니다. 너무나 당연하게 약자를 찾아 삼만 리를 헤매고 찾으면 곧 사연풀이를 시작합니다. 자기도 그랬듯이 선택된 약자가 자기를 위해 애쓰며 섬기는 것을 뻔히 알면서도 사연자는 약자의 섬김을 인정하지 않습니다. 사연자는 허세를 부려 사건의 값을 높이고, 약자를 통해 지속적으로 사연풀이를 해 나갑니다. 그러나 사연은 절대 이런 식으론 풀어지지 않습니다. 오히려 또 다른 사연자를 생산할 뿐입니다.

제갈 씨는 큰 아들만 보면 마음에 짜증이 올라옵니다.
왜 저렇게 변변치 못할까 하는 마음에, 마구 화가 치솟아 오릅니다.
큰 아들이 뭘 특별히 잘못한 것도 없는데,
그냥 화가 울컥 치솟아 올라오는 것을 조절할 수가 없습니다.
올라오는 화를 참지 못하고, 무방비 상태로 있는 아들을
갑자기 공격하여 정신이 나가게 하는 일이 한두 번이 아닙니다.
돌아서면서 후회하고, 또 돌아서면서 후회하지만
반복되는 행동을 조절할 수가 없습니다.

제갈 씨는 친구들 사이에서도 '끓는 우유'라는 별명으로 유명합니다.
마치 끓을까 봐 지켜보고 있을 때는 아무렇지도 않다가
잠시 돌아서는 순간 확 끓어 넘쳐 온 렌지 위를
허옇게 뒤덮는 우유처럼, 그의 별명 '끓는 우유'는
예측 불허한 제갈 씨를 빗대어 친구들이 붙여준 별명입니다.

갑자기 그리고 정말 상상치도 못한 순간에,
무방비 상태로 있는 친구들에게
인정사정없이 마구잡이로 화를 내는 제갈 씨는
친구들 사이에서 '성질 더러운 놈'으로 유명합니다.
그러나 그것만 빼면 제갈 씨는 정말 친절한 사람입니다.

제갈 씨는 아내에게 매일 듣는 소리가 있습니다.
"당신은 큰 아들이라면 속으로는 껌뻑 죽으면서도
왜 겉으론 그렇게 모질게 굴어요?
아무리 잘해주면 뭐해요? 밑도 끝도 없이 화를 내는데….
잘못한 것이 있으면 설명을 하고, 말로 타이르면 되잖아요?
그 애가 귀머거리예요? 언성을 높이고 고함을 지르고 그렇게.
무식한 사람처럼…"

제갈 씨는 친구들한테도 같은 소리를 듣습니다.
"야, 임마, 넌 그 놈의 성질 때문에 항상 손해를 보는 거야.
쌔가 빠지게 일해주고, 있는 것 없는 것 다 보태주고,
별의별 희생을 다해 잘해줘도,
결국 그놈의 더러운 성질 때문에 항상 끝이 안 좋잖아.
야, 임마, 너 바보니? 그 놈의 성질 좀 죽이라고. 응? 듣고 있어?"

큰 아들을 보면 그리고 친구들 사이에 있으면
왜 갑자기 화가 나는지 또 왜 화가 조절되지 않는지
제갈 씨도 알 수가 없습니다.

많은 형제들 가운데 제갈 씨는 유일하게 부모님의 화를 잘 받아내던
무던한 성격의 사람이었습니다.
"저 애가 없었으면 우린 벌써 속이 타 죽었을 거예요."
화를 잘 받아줘서 너무 고마운 자식이라는 소리까지 들으며 자랐는데,
왜 그렇게 소중한 큰 아들과 친구들에게 무자비하게 화를 내는지
제갈 씨도 정말 이해가 되지 않습니다.
제갈 씨는 오늘도 친구들과 헤어져 돌아오며 후회를 합니다.

부모에게 약자 노릇을 하며 그들의 화를 다 받아냈던 제갈 씨는 동쪽에서 뺨맞고 서쪽에서 화를 내는 사람으로 살아갑니다. 특별한 약자를 찾을 수 없는 제갈 씨는 자기의 사연을 풀기 위해 항상 느긋해 보이는 착한 아들과 예측할 수 없는 상황에서 화를 벌컥 내는 자기를 떠나지 않는 친구들을 자기의 은밀한 약자로 삼아 사연풀이를 하며 살아갑니다. 그러나 사연이 풀어질까요? 결과는 뻔합니다. 사랑하는 귀한 아들을 사연자로 만들어 관계가 단절되고, 사랑하는 친구들로부터 왕따 당하는 일만 남아 있습니다.

약자를 통해 자기의 사연을 보상받으려는 사연자의 심리는 절박합니

다. 어떤 값을 치르더라도 약자가 자기 곁에 있다는 사실을 확인하며 사는 것이 사연자의 운명입니다. 그 결과가 아픔과 슬픔인 것이 뻔한 사실임에도 불구하고 약자를 확인하며 사는 것은 사연자의 생존을 위해 매우 중요한 과제입니다. 핍박을 통해 약자인 것을 확인하고, 그 약자를 통해 자신의 사연을 보상받는 것이 목적이기 때문에 사연자의 마음은 그것이 이루어지고 있다는 사실만으로도 안정감을 갖습니다. 당연히 역기능적 안정감이지요. 결국 그것 때문에 약자는 더욱 큰 사연자로 성장해 악순환의 고리를 연결하고 더욱 악화시키는 것입니다. 사연은 절대 감소되지 않습니다. 날이 갈수록 성장하고 발달하여 더욱 단단하게 자리매김을 합니다.

4. 사연자의 당연한 분노, '보복심리'

자기 사연이 보상되지 않으면 사연자는 피해를 입었다고 느끼고 무슨 방법을 써서라도 필히 보복합니다.

대를 이어 복수하는 옛 이야기들이 있습니다. 그 이야기는 아비의 원수를 갚은 아들에서 끝나지 않습니다. 외나무다리에서 자기 아버지를 무참히 죽여 버린 그 사람을 찾아 아버지의 원수를 갚겠다고 나서는 또 다른 아들이 있다는 사실을 잊지 않아야 합니다. 사연은 꼬리에 꼬리를 뭅니다. 절대 한 사람의 이야기로 마무리 짓지 않습니다.

사연자는 허세를 부려 사건의 값을 정하고, 그에 대한 보상을 요구합니다. 그러나 사연자가 원하는 대로 보상을 해줄 준비가 된 사람도 없을 뿐더러 약자를 통해 보상을 받았다한들 스스로 만족하지도 못하기 때문에 결국 보상은 이루어지지 않습니다. 그래서 사연자는 스스로 피해를 입고 억울해합니다. 그래서 주위에 있는 사람들에게 보복하려는 심리가 작동합니다.

20년 동안 강한 남편 밑에서
찍소리도 제대로 내보지 못하고 살아온 하 씨는
자기의 삶을 돌아보며 한숨을 짓습니다.
별로 할 줄 아는 것이 없어서 집에서 살림만 한 것이 벌써 20년.
둘밖에 안 되는 자식들이지만
집안 살림하면서 두 아이 키우는 것도 벅찼던 하씨입니다.
매일 피곤해하고, 지쳐있고, 여기저기 안 아픈 데가 없는 아내를
볼 때마다 남편은 혀를 차며 나무라기가 일쑤입니다.
"뭐 한 것이 있다고 매일 아프다는 소리야.
나가서 돈 벌어 오는 사람은 얼마나 힘들겠어.
난 벌써 죽어야 했겠다."

남편 말이 틀린 것은 아니지만
힘이 들고, 피곤하고, 지치고, 아픈 것이 사실이라
하 씨에겐 남편의 그런 말들이 너무 큰 상처가 되고 아픔이 되었습니다.
하 씨는 나름대로 잘 살아보려고 애썼습니다.
다른 사람은 한 시간이면 한다는 집안 청소가
하 씨는 하루 종일 해도 끝나지 않습니다.
힘이 들어서 조금하곤 쉬고 조금하곤 쉬고 해서 그렇긴 하지만.
빨래도 해야지, 집안도 치워야지, 옷도 다려야지,
밥도 지어야지, 전화도 받아야지….

매일 할 일이 태산인데,
남편은 항상 하 씨가 하는 일은 별일도 아니라고 하니
하 씨는 날이 가면 갈수록 억울하고 속상해서 미칠 지경입니다.

그날도 여느 때와 마찬가지로 남편은 집에 들어와
힘들어하는 아내에게 잔소리만 늘어놓곤
손가락 하나 까딱하지 않고 텔레비전 앞에 진을 치고 앉아
모든 것을 다 시켜먹기만 합니다.
저녁 설거지와 이것저것 필요한 것을 정리한 후
겨우 방에 들어와 누웠습니다.
순간 남편이 거실에서 소리를 지르며 하 씨를 찾습니다.
"여보, 나 물 한 잔 갖다 줘. 시원한 물로 가져와 봐. 목이 무척 탄다."

정말 일어나기 싫은데, 정말 대답하기도 싫은데,
하 씨는 나오지도 않는 목소리를 억지로 내어 "네"라고 대답하며
어쩔 수 없이 자리에서 일어나 부엌으로 발을 옮깁니다.
"나는 왜 이러고 살아야 할까? 언제까지 이러고 살아야 하나?
아무리 집안 살림도 제대로 못하는 나지만 정말 20년이나 살았는데
아직도 이런 대접밖에 받질 못하다니… 이혼할 수도 없고…"
하 씨는 쓴물을 삼키며 물을 떴습니다.
쟁반에 받쳐 컵을 가져가던 하 씨는

너무 화가 나서 컵 속에 침을 뱉었습니다.
"퉤!"
남편은 하 씨가 가져다 준 컵을 받으며
빨리 떠오지 않았다고 잔소리를 늘어놓은 후
벌컥벌컥 단숨에 컵을 깨끗이 비웠습니다.

사연이 작동하는 사람들은 어떤 방법을 써서라도 보상되지 않은 것에 대해 꼭 보복합니다. 순순히 보복을 받겠다고 기다리는 사람은 없지만, 사연자는 기회만 있다면 은밀한 보복을 쉬지 않습니다. 서로가 사연을 가지고 사는 사람들이기에 서로에게 은밀히 보복하려는 행위는 끊이지 않고 진행되고 있습니다.

사연자들 사이에도 강자가 있고 약자가 있습니다. 강자는 직접적인 보복을 할 수 있습니다. 예를 들어 엄마가 자녀에게 욕을 한다든지, 밥을 주지 않는다든지, 때린다든지, 일방적으로 방에 가둬둔다든지, 학교에 보내지 않는다든지 등등 여러 가지 방법으로 보복할 수 있습니다. 약자는 그 보복에 대응할 수 없고, 그저 그 보복을 받아야 하는 경우가 허다합니다. 이런 식으로 드러나게 받는 약자의 보복은 당연한 사연으로 자리 잡으며, 세월이 흐르면서 강자보다 더 많은 사연으로 말미암아 병이 들고 비정상적인 사람인 사람이 됨으로 강자의 자리를 빼앗을 수도 있습니다.

약자는 강자에게 직접적인 보복을 할 수 없습니다. 여러 가지 은밀한 방법을 써서 강자를 훼방하고 방해하는 방법을 사용합니다. 강한 엄마에게 직접 대들 수가 없어서 먹으라는 밥을 안 먹고, 하라는 공부를 하지 않고, 씻으라는 몸도 잘 안 씻고, 늑장을 부리고, 짜증을 내고, 잘 울고, 슬픈 척하고, 항상 불행한 척하며 살아가는 아이의 모든 행동도 약자가 할 수 있는 보복의 한 행위일 수 있습니다.

밥을 먹다가 고 씨는 아들에게 고함을 칩니다.
"사내자식이 아무거나 주는 대로 먹지, 무슨 음식을 그렇게 가려 먹어?
씩씩하게, 이것저것 가리지 말고, 척척 씹어 먹어.
그래야 건강한 사람이 될 것 아냐!"
고 씨의 아내 유 씨는 편식하는 아들을 훈계한답시고
밥상머리에서 밥 먹는 아이를 야단치는 남편이
과히 커 보이지 않습니다.

밖에서는 찍소리 한 번 내지 못하고,
돈도 제대로 못 벌어 오는 사람이
집에만 들어오면 아내와 자식에게 큰 소리를 치며 호통 치는 남편이
눈꼴사나워 봐 줄 수가 없습니다.
그러나 대놓고 그렇게 말했다간
삐쳐서 그나마 일도 하러 나가지 않을 수 있으니
정말 입술에 말이 걸려 있어도 하고 싶은 말을 할 수가 없습니다.

편식을 하는 아들도 아닌데
괜히 교훈한답시고 똥폼을 잡는 남편이 몹시 싫어집니다.
마치 한 건수 잡은 사람처럼
되지도 않는 말을 늘어놓으며 쉬지 않고 설교를 계속하니
유 씨는 더 이상 듣고만 있을 수는 없습니다.
"밥 먹을 때는 개도 안 건드린다는데,
갑자기 밥 먹는 애한테 무슨 설교가 그렇게 길어요?
찬수가 안 먹는 음식이 있으면 무슨 특별한 이유가 있어서 그런 거지
걔가 편식하기 때문이 아니라고요.
알지도 못하면서 소리만 지르고…
참, 그건 그렇고, 당신은 편식도 안하는데 왜 큰 사람이 못 됐어요?"

보상이 안 된 사연자는 필히 보복합니다. 기회만 주어진다면 무슨 방법을 사용해서라도 보복합니다. 자기 스스로 너무 약하다고 생각해 상대방에게 보복하기를 포기하고 자기학대를 선택해 병자가 되는 사람들도 있지만 조금이라도 힘이 남아 있다면 보복을 선택하는 것이 자연적인 사연의 질서입니다.

성전 꽃꽂이를 맡은 홍 집사는 꽃 꽂는 일에 목숨을 건 사람입니다.
매번 꽃을 꽂을 때마다 밤을 새며 기도하고, 책을 사서 연구하고,
이런 강의 저런 강의를 쫓아다니며 열심히 배워

꽃꽂이에는 일인자가 되어야 하는 그런 사람입니다.
홍 집사는 꽃을 꽂을 때 지극 정성을 다합니다.
자기가 꽃꽂이를 하는 주일이면 수요일부터 금식을 시작하고,
토요일 꽃꽂이가 마칠 때까지 금식하며 보냅니다.
토요일 새벽 꽃시장에 갈 때도 밤이 새도록 기도합니다.

뿐만 아니라 꽃을 사는 시간이 굉장히 오래 걸립니다.
그냥 쭉 훑어보고 척척 사는 것이 아니라 한 송이 한 송이를 손에 들고
하늘을 향해 치켜들며 주께 기도합니다.
"주여, 이번 주에 받아보고 싶으신 꽃이 어떤 꽃입니까?
음성을 들려주시옵소서!"
2시에 나가 8시가 되어도 꽃을 제대로 사지 못합니다.
주의 음성이 들리지 않아서···.

홍 집사와 함께 동역하는 꽃꽂이 팀들은
8시부터 나와서 기다리고 있습니다.
그러나 홍 집사는 언제나 8시가 넘어야 도착하기에
이런 저런 이야기를 하며 기다리고 있으면
초죽음이 된 홍 집사가 휑하게 들어간 피곤한 눈을 하고
꽃을 들고 들어섭니다.
"내가 너무 너무 힘들었어요.

오늘은 다른 날보다 영적 방해가 너무 컸어요.
팀들이 모여서 기도하며 준비하고 있었어야지
이렇게 히히대며 잡담이나 하고 있으니….
이것은 거룩한 사역이에요. 기도하며 준비해도 부족한데,
그렇게 넋을 놓고 히히거리며 있어요?
주여, 저들은 저들이 하는 일을 모릅니다!"

홍 집사가 꽃을 꽂는 토요일은
온 교회의 신경이 곤두서고 날카로워집니다.
홍 집사를 돕는 꽃꽂이 팀들은 홍 집사의 심기를 건드리지 않으려고
정말 조심스럽게 말하고 행동합니다.
"자기 혼자 일하는 것처럼 왜 저렇게 별나게 굴어?
내일 예배를 위해 준비해야 할 게 얼마나 많은데,
예배당엘 얼씬도 못하게 하니…
일하면서 즐겁게 말도 하고 웃기도 하고 그래야지.
이게 무슨 폭탄 해체작업이야, 숨을 죽이며 하게?"

꽃꽂이에 너무 많은 에너지와 신경을 쓰기에
꽃꽂이가 끝난 토요일 밤이 되면 온몸이 부서지는 듯이 내려앉고,
쑤시고 아픈 것을 참을 수가 없을 정도입니다.
그러나 내일 예배시간에 아름다운 꽃꽂이에 대해 칭찬하실

목사님의 음성에 소망을 두고 지친 몸을 위로하며 잠을 청합니다.

예배 시간이 되어 아름다운 찬양과 간절한 기도가 울려 퍼지고 있으나
홍 집사의 마음과 눈은 꽃에만 머뭅니다.
예배 시간 내내 꽃에 정신이 팔려
선포되는 말씀이 귀에 들어오지 않으나
"아, 이 꽃을 누가 꽂았습니까? 홍 집사님이십니까?
그렇군요! 확실히 다르군요" 라는 목사님의 칭찬을 받았으나
겸손하게 처신하는 모습을 모든 사람에게 보인다는 시나리오를
이미 다 써놓고 목사님의 칭찬을 기다리고 있습니다만
목사님은 예배 중에 꽃의 '꼬' 자도 언급하지 않으십니다.

혹시 예배당 문 앞에서 칭찬하실 수도 있기에
홍 집사는 사람들이 다 나가기까지 기도하며 기다리다가
문에서 악수를 청하는 목사님께 공손히 인사를 드립니다.
"목사님, 은혜 많이 받았습니다!"
"할렐루야! 이 주간도 승리하십시오. 홍 집사님!"
꽃에 대해 칭찬 한마디 하지 않은 목사님 때문에
너무 큰 상처를 입은 홍 집사는
집에 돌아오면서 그 분을 참을 수가 없어 난리를 쳤습니다.
김 권사님께 전화를 넣습니다.

"권사님, 네 저예요. 꽃꽂이 홍 집사! 평안하셨지요?
오늘 예배시간에 제가 너무 영적으로 눌려서
권사님은 어떠셨는지 물어보려고 전화를 했어요.
오늘 목사님의 설교도 너무 힘이 없으셨어요.
영적으로 많이 눌려 계세요. 그렇게 느껴지지 않으셨어요, 권사님?"
"글쎄, 난 잘 모르겠는데.
난 오늘 목사님 말씀과 예배시간 내내 너무 많은 은혜를 받아서.
지금도 남편과 그 얘기를 하던 중인데….
아마 홍 집사에게 주신 특별기도 제목인가보다."
홍 집사가 더 이상 말도 하지 못하도록 입을 막고,
다른 말로 잇기 전에 김 권사는 전화를 끊어버렸습니다.

속이 상할 만큼 상하고 분이 풀리지 않은 홍 집사는
다 죽어가는 목소리로 화요일 오전에 사무실로 전화를 겁니다.
"네, 저예요. 꽃꽂이 홍 집사!
저, 실은 제가 너무 몸이 많이 아파서 이번 주에 꽃꽂이를 못하겠어요.
너무 많이 아파서 지금 링거를 맞고 있어요."
이렇게 말하면
"아휴, 안 돼요, 집사님.
집사님이 우리 교회에서 제일 꽃을 잘 꽂으시는 분이데,
집사님이 못 꽂으시면 누가 꽂아요? 오늘 쉬면 괜찮아지실 거예요."

"그렇죠? 할 사람이 없겠죠? 제가 할게요.
꽃을 꽂다가 하나님께 가게 되면 이 보다 더 큰 영광이 어디예요."
라는 대화가 오가리라고 생각하고 있었는데,
사무실 직원은 아무런 생각 없이
"아, 그래요. 그럼 다른 사람한테 부탁하지요"
라고 말하는 게 아니겠습니까?
홍 집사는 너무나 큰 상처를 받고 너무나 큰 시험에 들어
더 이상 이 교회에 다닐 수 없다고 결정합니다.

사연자는 자기를 증명하고 강화하기 위해 정상의 선을 넘어가는 허세를 항상 부립니다. 허세는 사건의 값을 매겨 그만큼 보상해달라는 사연자의 메시지입니다. 그러나 사람들은 그 사건에 그 값을 쳐주는 것을 합당하게 생각하지 않기에 사연자가 원하는 수준으로 보상해 주지 않습니다. 자기 사연이 보상되지 않으면 사연자는 피해를 입었다고 느끼고 무슨 방법을 써서라도 필히 보복합니다. 그러나 세상의 그 어떤 사람도 사연자의 보복을 받고만 있을 사람이 없습니다. 만약 보복을 받았다면 그 사람 또한 사연자가 되어 어느 날 반드시 보복을 하고 있을 것입니다. 보복을 시작한 사연자는 그 자체를 너무 억울하게 받아들이며 용납할 수 없다고 그러겠지만요.

5. 사연의 종착지 '사망심리'

> 사연은 자연적으로 사람을 죽음의 코스로 인도합니다.
> 자기의 사연을 증명하고 강화하기 위해서는 죽음이라도 감수하겠다는 것이
> 사연자의 신념 아닌 신념입니다.

보복은 사연자를 자연스럽게 사망 심리로 인도합니다. 사연자는 자기 사연에 자살이나 타살을 선택합니다. 사연 자체가 자기를 증명하고 자기를 강화하는 질서를 가지고 있기에 자살을 선택하여 자신을 죽이기보다 타살을 선택하여 상대방을 죽입니다.

타살이라고 해서 살인하는 행위를 의미하지는 않습니다. 개중에는 살인을 하는 사람도 있지만 대부분의 경우 사람들을 괴롭히는 것으로 대신합니다. 상처를 주고, 아픔을 주고, 사연을 갖게 하고 결국에는 병자로 살게 하는 행위를 의미하지요. 살인과 버금가는 행위입니다. 사연자는 죽음을 경험하며 삽니다. 사연자의 입에선 "죽겠다"는 말이 떨어지지 않습니다.

사연은 자연적으로 사람을 죽음의 코스로 인도합니다. 자기의 사연을 증명하고 강화하기 위해서는 죽음이라도 감수하겠다는 것이 사연자의 신

념 아닌 신념입니다. 사연을 풀어보겠다고 하는 짓인데, 그토록 엄청난
값을 치르면서도 사연은 풀리지 않고 답습만 합니다. 결국 사연자는 사랑
하는 사람들까지도 죽을 지경에 이르게 하고, 자기도 끝내 죽습니다.

장녀인 방 씨는 남편보다 다섯 살 연상입니다.
씀씀이가 좋고, 항상 미소를 지으며, 모든 것을 편안하게 생각하고,
어디를 가든지 좋은 관계를 가지고 있는
폭 넓은 사람인 것 같아 남편과 결혼했는데,
알고 보니 부족한 것 없이 쓰고 살았던
부잣집 막내의 근성을 부린 것에 불과했습니다.

남편은 돈 쓰는 것 외에 할 줄 아는 것이라곤 없었습니다.
돈이라는 것은 한 푼도 벌어올 줄 모르고,
책임감이라는 것은 찾아볼 수가 없는 사람이었습니다.
그저 즐기고 그저 멋만 부릴 줄 아는
사춘기 사내 아이 같은 사람이었습니다.
뭔가 지적하고 고치기를 요구하면 남자의 자존심을 건드렸다며
화를 버럭 내고, 문을 꽝 닫아버리고 나가버리기가 일쑤고,
아내의 버릇을 고치겠다며 술을 먹고 들어와 목을 조르고 협박을 하고,
뭔가 원하는 것이 있으면 갖은 애교를 떨어
끝내는 원하는 것을 이루는 사람입니다.

방 씨는 어린 아이 같은 남편 때문에 상한 속이 말이 아닙니다.

아이를 둘이나 낳았지만 자기가 아버지인줄도 모르는 남편 때문에
방 씨는 결국 이혼을 하고 말았습니다.
밤낮 없이 놀러 다니고,
자식은 한 번 안아 주지도 않으면서 친구라면 사족을 못 쓰는 남편을
더 이상은 참을 수가 없었습니다.

이혼 삼 년째 되는 어느 날,
친구 집에 놀러 갔다가
친구 동생의 친구라는 조 씨와 우연히 만났습니다.
당시 노총각이었던 조 씨는 너무 재미있고, 재치가 있으며,
유머가 풍부하며, 매너도 좋고, 나이에 비해 정말 어른스럽고,
자기의 마음을 너무 편하게 해주는 사람이었습니다.
방 씨는 순식간에 조 씨에게 마음을 빼앗겨 버렸고,
만난 지 삼 개월도 채 안 돼
두 사람은 주위 사람들의 반대를 무릅쓰고 결혼했습니다.

조 씨는 방 씨보다 8살이나 어렸습니다.
어린 아이 같은 남편 때문에 첫 결혼에 실패한 방 씨는
조 씨가 자기의 첫 남편처럼 나이는 어리지만

어린 아이 같지 않다는 점을 높이 샀습니다.
그러나 너무 오랫동안 솔로로 살아왔던 조 씨였는지라
자기 것과 네 것이 너무 철저했고,
자기 일과 네 일이 너무 정확했습니다.
남편과 아내로 사는 것인데, 마치 한 집에서 사는 남남처럼
모든 것에 내 것과 네 것을 따졌습니다.
방 씨는 그런 남편이 이해가 되지 않았고,
그런 일이 있을 때마다 너무 섭섭하고, 괘씸하고, 서럽고,
속이 상해 어쩔 줄을 몰랐습니다.
마음의 조그마한 부분도 더 이상
그 사람을 위해 열어 놓고 싶지 않았습니다.

얼떨결에 한 번은 이혼했지만
두 번째 이혼은 방 씨에게도 용납이 되지 않았습니다.
조 씨는 아이들에게도 매너가 좋아 상처를 주는 일은 없었지만,
절대로 아버지처럼 친근하게 놀아 주지는 않았습니다.
당신의 애들이니 당신이 알아서
처리해야 하지 않느냐는 식으로 반응할 때는
정말 그나마 남아 있는 정도 다 떨어져나가는 느낌을 받습니다.
방 씨는 주먹을 불끈 쥐고 이를 악물며 이렇게 결심합니다.
"그래, 이왕 이렇게 된 것 끝까지 가보는 거야.

내 것과 네 것을 가리는 게 그렇게 중요하다면
이제부터 내가 철저히 가려주지.
네 집 식구들이 나를 필요로 할 때 절대로 순수하게 응해 주지 않을 거다.
두고 봐라. 이제부턴 절대 아내 맛을 경험해 보지 못할 테니.
밥 먹고 싶으면 네가 해먹고, 깨끗한 옷을 입고 싶으면 네가 빨아 입어라.
내 것은 내가 하고, 네 것은 네가 해야 하니까."

사연자는 자기 자신이 어떻게 작동하는지는 알지 못합니다. 그러나 내게 남이 어떻게 대하는가는 철저히 계산합니다. 나를 보지 못하고 너만 보고 있기에, 결국 손꼽으며 상처를 계산하게 되고, 끝내는 죽음으로 내딛습니다. 사연으로 작동하면 서로 죽는 일밖엔 남는 일이 없습니다.

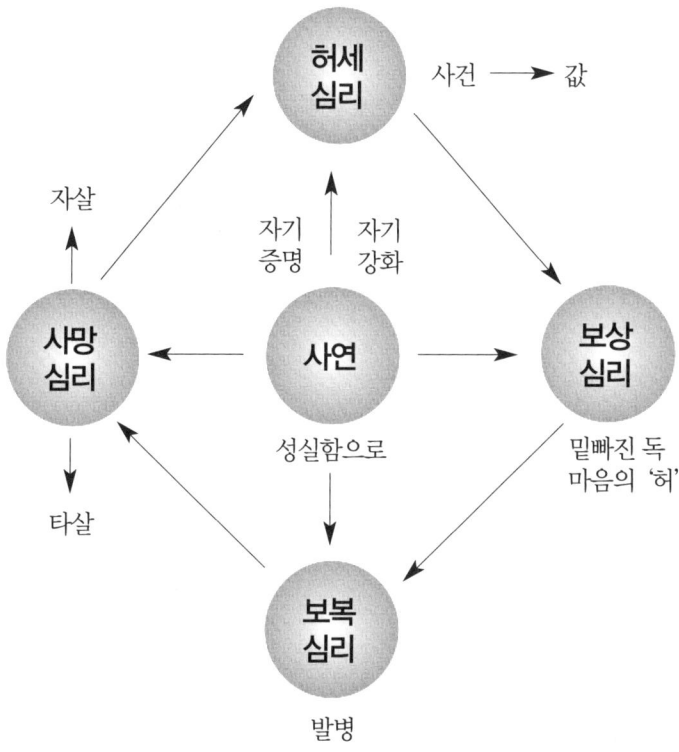

도표 6. 사연과 함께 움직이는 4대 심리

※ 사연은 함께 움직이는 조직폭력단입니다 229

도은미의 1분 강의실

"사연은 4가지 병적 심리를 낳고 전파합니다"

1. 사연은 허세심리, 보상심리, 보복심리, 사망심리 등 4가지 심리와 함께 일한다.

2. 허세심리 : 사연의 크기만큼 사건을 확대하는 심리로 이를 통해 사연은 자기를 증명한다. 사건의 값을 결정한다.

3. 보상심리 : 약자를 찾아 사연에 대한 보상을 받으려는 사연자의 심리. 약자는 '착한 아이 증세' '고무줄 경계선' '완벽주의자 증상' '자기비하적 언어 사용' '더 큰 사연자 증상' 등 5가지 특징을 가진다.

4. 보복심리 : 보상에 만족하지 못한 사연자가 보복하려는 심리. 강한 사연자는 상대방에게 보복하며, 약한 사연자는 보복을 포기하고 자기학대를 선택한다.

5. 사망심리 : 사연의 자연적인 종착점. 대부분의 경우 사람을 괴롭혀 사연을 갖게 하고 결국 병자로 살게 한다.

4부 사연의 영향력

사연은 사람을
　　병들게 합니다

1. 허세심리는
4가지 심리 현상을 빚습니다

허세심리는 가짜 이야기로 시작해서, 가짜 이름을 주고,
가짜 얼굴로 살게 할 뿐만 아니라 가짜 행동을 요구하여 가식으로 살게 합니다.

　　　　　　사연이 작동하면 허세가 작동하고, 허세가 작동하면 보상을 원합니다. 보상은 필연적인 보복을 부르고, 보복은 사망으로 직결됩니다. 결국 사연이 작동하면 서로 죽음을 경험합니다. 사연의 결국은 죽음이기 때문입니다.

　사연과 함께 작동하는 4가지 심리는 각각 단계별로 발전하는 특성을 갖습니다. 그 특성들은 점차적으로 뿌리를 내려 악순환적인 고리로 엮어지고, 사람들은 더욱 병들어 갑니다. 사연자에게서 쓴 뿌리가 나서 주위의 많은 사람들을 더럽힌다고 한 히브리서의 말씀처럼 사연자는 자기의 사연을 전염시키고, 사람들을 오염시킵니다.

가설현상

사연이 작동되면 자동적으로 허세심리가 가동됩니다. 허세심리는 실제의 크기보다 사건을 크게 확대시키는 심리입니다. 이는 곧바로 가설현상을 빚어내지요. 가설현상이란 '사건을 사연화하는 현상으로 사건에 대한 이야기를 자기 사연의 심각성에 걸맞도록 확대해 가는 현상'이라고 설명할 수 있습니다.

사건을 사건으로만 보면 그다지 큰 문제가 되지 않습니다. 실상은 작은 일로 취급되어야 하는 사건이지만, 사람의 사연은 그 사건을 그렇게 놔둘 수 없습니다. 사건을 확대시켜 이야기에 공간을 만듭니다. 이렇게 만들어진 '이야기적 공간'을 또 다른 이야기로 메워나가는 현상을 일컬어 가설현상이라고 합니다. 한 번 거짓말을 하기 시작하면 그 거짓말을 성립시키기 위해서라도 또 다른 거짓말을 해야 하는 현상과 같습니다.

사연으로 작동하는 사람은 자기에게 일어난 사건을 그 사건의 크기만큼 해석하지 못합니다. 실제 크기보다 훨씬 크게 확대시켜 자기 사연의 심각성을 알리고자 하는 숨은 의도가 움직이고 있기 때문입니다. 사건 확대 과정에서 일어난 불합리와 부적절한 현상을 메우기 위해 또 다른 가짜 이야기들의 출현이 불가피하게 됩니다. 그래서 가설현상은 필연적인 결과가 됩니다. 왜 그 사건이 그렇게 확대되어야 했는지, 왜 그 사건에 그런 값을 부여했어야 했는지 등등 사건이 터질 때마다 다른 사람들에게 자기의 사연을 인정받기 위해서 필히 만들어야 하는 첨가된 가공의 이야기가 가설현상을 빚습니다. 가설현상 때문에라도 사연은 절대 축소되지 않습니다.

허 여사는 공과 사가 분명한 것으로 유명합니다.
사람들마다 허 여사의 철저한 분별력에 칭찬을 마다하지 않지만,
반면 너무 지나쳐서 부담스러운 여자라고 숙덕거리기도 합니다.

허 여사는 칭찬 듣기를 참 좋아합니다.
허 여사가 공과 사를 철저히 가릴 때마다
사람들이 하는 칭찬이 그녀를 점점 더 허 여사답게 만들어 갔습니다.
허 여사가 공사가 분명한 사람이 되면 될수록
사람들과의 관계는 껄끄러워져 갔습니다.

허 여사의 부모님은 공사가 분명하지 않은 분들입니다.
돈만 보면 자기들 것인 양 쓸 궁리부터 하는 분들이었습니다.
때론 출처가 분명하지 않은 돈이라도
돈만 생기면 자식들에게 인심도 두둑하신 분들이었습니다.

허 여사의 부모님은 일단 돈이 자기 주머니에 들어오면
이리저리 기분 나는 대로 쓰고 봅니다.
허 여사가 어렸을 때 집에는 빚쟁이들이 끊일 날이 없었고,

부모님은 집에 계신 날이 별로 없었습니다.
남의 돈 떼어먹은 집안 자식이라는 소리는 정말 듣기 싫었습니다.

허 여사의 부모님은 청산유수입니다.
사람들은 그들의 말에 번번이 속았습니다.
허 여사는 부모님과 같은 사람으로 취급될까 봐 불안했고,
자기가 부모님과 다른 사람임을 증명하느라고 분주했습니다.
허 여사에게 자기의 이미지를 '공과 사가 분명한 사람'으로
만드는 것이 매우 중요하고 필요한 일이었습니다.

허 여사는 어떤 일보다도 공과 사를 가리는 것이 중요합니다. 아무리 사정이 딱해도 공과 사는 철저하게 가릴 줄 알아야 한다는 신념을 허 여사는 정말 버릴 수 없습니다. 자기가 어떤 종류의 사람이라는 것을 증명하기 위해서라도 그녀는 자기 스스로에게 일관성이 있어야 하기 때문입니다.

사연으로 사무쳐 사는 사람은 자기를 일관성 있게 표현하려고 애씁니다. 이를 '거짓 일관성'이라고 하며 가설현상으로 빚어지는 또 하나의 '정체성적 부조리'입니다. 사건이 확대되어 이야기 자체에 공간이 생기면 뭐라도 사용해 필히 그 공간을 채워 넣어야 합니다. 대부분의 경우 사연자는 그 공간을 자기 증명으로 채워갑니다. 자기 증명을 위해 자기를 더욱 확대합니다. 사연으로 값을 높여 놓은 사건의 이야기적 공간을 줄일

수는 없기 때문에 사연자는 부적절함을 느끼면서도 이 방법을 사용합니다. 이 방법은 사연자가 가장 선호하는 방법이기도 합니다.

가설현상이 작동하면 매겨놓은 사건의 값 때문에 사연은 더욱 강화됩니다. 별것도 아닌 일에 큰 값을 매겼기 때문에 사건의 값을 실격시키고 사연자를 거부하는 무리들이 생기기 때문입니다. 당연히 사연자의 사연은 풀어지지 않고 더욱 강화됩니다. 동시에 사건의 값은 더욱 높아집니다.

노 씨는 이민을 갔습니다.
남편과 이혼하고 더 이상 한국에 사는 것이 싫어서
아는 사람도 없는 남미로 무작정 갔습니다.
주위 사람들을 하나 둘 알아갈 때마다
아이들 아빠는 어디 있느냐, 왜 같이 살지 않느냐 등의
질문을 받았습니다.
노 씨는 자기가 이혼한 사실을 밝히는 것이 자존심 상할 뿐더러,
이혼녀라고 하면 사람들이 자기를 무시하고 깔보기라도 할까 봐
남편은 사업 때문에 한국에 있다고 말했습니다.

문제는 명절입니다.
남편은 언제 오냐는 질문 때문에 번번이 곤욕을 치릅니다.
매 해마다 노 씨는 남편이 오지 못하는 이유를 만들어냅니다.
노 씨는 아이들에게도 신신당부를 합니다.

자기가 한 말이 거짓이 되지 않기 위해
입을 맞추는 일을 게을리 하지 않습니다.
뿐만 아니라 남편이 없는 1년 내내 그 가설 공간을 채우기 위해
남편이 얼마나 자기를 사랑하며 아이들을 위하는지에 대한
이야기를 만들어내야 합니다.

가설현상은 더욱 강한 가설을 요구합니다. 이야기적 공간을 채우기 위해서라도 또 자기의 이야기가 가짜가 아님을 증명하기 위해서라도, 더욱 완벽하고 견고한 이야기를 만들어야 하는 상황에 놓이게 됩니다. 가설은 내리막길을 달려 내려가는 것처럼 가속도가 붙기에 스스로 정지할 수 없는 처지에 놓이기도 합니다. 많은 경우 거짓이 드러나야 가설현상이 정지되고 조절됩니다. 그렇게 되면 사연자는 더욱 큰 사연으로 사무치게 되지요.

사연자의 가설현상은 여러 가지 현상으로 나타납니다. 그 중 하나가 생활습관이 되는 말들입니다.

"난 밥 먹을 때 국이 꼭 있어야 해.
국이 없으면 밥이 목에 넘어가질 않아!"

"난 여덟 시간은 꼭 자야해. 여덟 시간 정도 푹 자주지 않으면 온 몸이 말을 듣지 않아. 하루 종일 정신이 몽롱하고 몸이 축 쳐져서 아무 것도 제대로 하지 못해!"

"난 절대 친구를 쉽게 사귀지 않아. 한번 친구가 되면 평생토록 친구로

살아야 하는데. 다른 것은 몰라도, 난 사람 만나는 일에는 매우 신중해야 한다고 믿어. 아무나 사귀면 절대 안 돼. 평생 후회해!"

어떤 생활 습관이든지, 어떤 인생철학이든지 그것을 만들어내는 말은 필히 가설현상을 빚습니다. 사람은 스스로를 위해 일관성 있으려고 애씁니다. 그 말이 생활습관인 동시에 자기의 정체성이기 때문에 애써 말하며 항상 연습하지만 자신의 말을 깨는 사람이 자기 자신임을 압니다. 사람들이 보는 앞에서는 일관성 있게 행동하다가도 사람들이 없으면 자기를 증명해야 할 이유가 없기에 스스로의 법에서 쉽게 이탈합니다. 이는 가설현상이 빚은 거짓 일관성의 종말입니다.

가명현상

허세심리는 가명현상을 불러일으킵니다. 가설현상이 거짓 일관성적 정체성으로 살게 하기 때문에 가명은 필수적인 결과입니다. 사연자는 자기의 인생을 살지 않고, 사연에 의거한 다른 사람의 인생을 삽니다. '약한 자' '우리 집안의 기둥' '날라리' '기생충' 등등 타인이 붙여준 가명으로 살아갑니다. 가명으로 인해 어려움을 만나도 달리 다른 방법이 생각나지 않습니다. 가명을 거슬리는 말이나 행동은 상상치도 못합니다.

전 씨는 집에서 '식충이'라는 말을 듣고 살았습니다.

전 씨는 그 별명이 마음에 걸리고,
그 별명이 불려질 때마다 얼굴을 찡그렸지만
워낙 먹는 것을 좋아해 그 별명을 거부할 수 없었습니다.
문제는 전 씨가 조금이라도 말썽을 피거나 문제를 일으키면
'식충이'라는 별명이 때를 기다렸다는 듯이 힘을 발휘하는 것입니다.

"식충이 주제에 말썽만 피우고…."
"식충이가 무슨 돈을 어떻게 벌겠어.
저 자식, 저것, 밥이나 먹고 살지 걱정이다. 걱정!"
"쟤는 왜 먹을 때만 되면 걸신 난 새끼처럼 저렇게 허겁지겁 먹어?"
"밥 먹는 것만큼 뭐 좀 잘하는 것이 있어야 하지 않니? 이 식충이야!"

절대 아니라고 부르짖고 싶은 적이 한 두 번이 아니었으나
전 씨가 경험하는 현실은 그렇지 못했습니다.
오히려 자신이 스스로 '식충이'임을 증명하고 있다는 사실에 놀랐습니다.
정말 먹는 것이 좋고, 먹고 돌아서면서 먹는 것을 생각하고,
먹을 것을 보면 허겁지겁 먹어대는 자신의 모습이
너무 싫지만 먹는 것이 정말 좋은 걸 어쩌니까?
전 씨는 '식충이'라는 별명이 너무 싫지만
식충이인 자신을 인정하지 않으면 안 되었습니다.
아버지가 자기의 먹는 모습이 싫다고 하시니

몰래 숨어서 허겁지겁 먹어 두는 일이 잦아졌습니다.
우울하고 속상할 때마다 먹는 것만 생각나고,
먹는 것만 밝히는 자신을 저주했습니다.
"아, 난 어쩔 수 없는 식충이야.
아버지 말씀대로 먹을 것이 없으면
부모님 등골까지 빼 먹을 못된 놈이 될 거야.
아, 난 정말 아무 짝에 도움이 안 되는 식충이야!"

처음엔 전 씨도 타인이 부여한 가명으로 살아가는 것을 거부했습니다. 아무리 사람들이 그렇게 말해도 나는 그렇지 않다고 스스로 위로하며 식충이라는 말을 거부했습니다. 그러나 거부하면 할수록 자기와 매우 흡사하고, 거부하면 할수록 무척 자신과 친근한 언어이기에 '식충이'는 자연스러운 자신의 언어로 자리를 잡습니다. 이를 '역반동효과'라고 합니다.

'역반동효과'는 공을 땅으로 던졌더니 반동 작용을 통해 다시 튀어 오르는 것을 의미합니다. 공이 손에 닿을 때마다 공을 땅으로 밀어 보내나 땅에 닿은 공은 역반동 작용을 통해 공을 던진 자의 손으로 되돌아오는 현상을 의미합니다.

'역반동효과'는 반에서 돈이 없어졌을 때 자기가 아니라는 것을 밝히고 싶어 얼굴이 발개지는 것과 같다고 하겠습니다. 괜히 숨소리가 거칠어지고, 얼굴은 더욱 발개지고, 말까지 더듬으며, 목소리도 떨리니 자기가 가져간 것이 아니라고 증명하고 싶은 행동이 오히려 자기가 가져간 결과를 맺는 것과 같습니다. 어떤 말에 대한 의도적이며 반복적인 거부가 오히려 그 말과 친해지는 계기가 되는 경우이기도 하지요. 차마 이혼이라는 단어를 입 밖에도 내지 못하다가 하나님께 기도하며 이혼이라는 단어를 소리 내어 말해본 후 기도할 때마다 반복하다보니 어느덧 이혼에 대해 마음이 담대해지고 편해지는 현상을 일컫습니다. 가명현상이 '역반동효과'를 거치며 가장 친숙한 언어가 되는 어처구니없는 현상을 빚는 것입니다.

'역반동효과' 도 그렇지만 '반동효과' 또한 가명현상을 돕습니다. '반동효과' 는 '자기예언효과' 처럼 스스로에게 원하는 가명을 도취시키는 작업을 의미합니다. 그러나 그 예언이 이루어지지 않았을 때의 후유증은 이루 말할 수 없이 큽니다. 그래서 사연자는 가명을 운명적으로 받아들이고, 그 가명에 걸맞게 살려고 애씁니다. 진정한 자기를 한 번도 발견하지 못한 채 자기가 누구인지도 모르고 인생을 마치는 경우가 많습니다. 그 이름으로 살지 않았다면 더 행복하고 참되고 쉽게 살 수 있었는데, 그 가명 때문에 실질적인 자기의 인생은 살아보지 못한 허무한 인생이 되고 맙니다.

가면현상

허세는 가설로 시작해 가명에 어울리는 가면을 쓰고 살게 합니다. '작은 거인' 이라는 가명을 얻으면 그 가명에 걸맞게 살기 위해 자신의 모든 것을 이에 맞춥니다. 비록 체구는 작지만 마음과 생각은 크고 광대함을 증명하기 위해 걸음걸이부터 시작하여 말투와 제스처도 거인처럼 합니다. 자기가 작다는 소리를 듣지 않으려고 삶의 모든 에너지를 이에 사용합니다. 키가 작더니 마음도 좀생이라는 소리를 듣지 않으려고 기가 막힌 노력에 노력을 더합니다.

한 번 인심을 쓰면 정말 입이 떡 벌어질 정도로 크게 쓰고, 보통 사람의 한계를 뛰어 넘는 크고 놀라운 프로젝트를 척척 시행합니다. 작은 일에 영향을 받지 않는 큰 사람임을 나타내려고 웬만한 일에는 눈 하나 깜빡이지 않고, 항상 호탕하게 웃고, 항상 크게 말하며, 항상 긍정적인 말을 하려고 신경을 곤두세웁니다.

가면을 쓰고 산다는 것은 자기가 아닌 다른 사람으로 산다는 의미입니다. 진정한 속사람은 감추고, 사람들이 말하는 그 사람으로 살려고 애쓴다는 뜻입니다. 가면을 쓰고 사는 사람의 대부분은 자기를 감춰야 하기 때문에 겉으로 드러난 모습을 강화합니다. 예를 들어 예의범절을 중요시하고, 법을 철저히 지키며, 규율을 엄히 여기고, 정해놓은 선을 넘지 않습니다. 그런 것들을 통해 관계하는 사람들과 적당한 거리를 유지하고, 사람들이 자기가 누구인지 알지 못하도록 불필요한 친밀감은 철저히 거부합니다. 여러 가지 복잡다단한 관계의 법을 만들어 사람들의 접근을 막고, 병 속에 자신을 가두게 됩니다. 가면을 쓰고 사는 일의 결국은 병자가 되는 것입니다.

살려고 가면을 썼는데 가면이 그 사람을 죽입니다. 너무 철저히 가면을 써 공기구멍이 모두 막힙니다. 자신의 진짜 얼굴이 썩는 줄도 모르지요. 얼굴이 썩어 냄새가 나기 시작하면 그제야 정신을 차리고 가면을 벗어보려고 합니다. 그러나 이미 얼굴이 너무 썩어서 가면을 벗을 수가 없습니다. 어쩔 수 없이 지속적으로 가면을 쓰게 되고 가면이 진짜 얼굴이 되지요. 이제 가면은 선택이 아니라 운명이 됩니다. 그러나 가면이 운명이 되는 순간 가면 쓴 자신을 증오합니다. 자기는 진정한 자신을 잃어버렸다고…. 가면의 결국은 존재적 병입니다.

태 씨는 자신의 과거에 대해 사람들이 아는 것을 너무 싫어합니다.
어떤 모임에서든지 조용히 앉아 있다가 가버리는 사람으로 유명하고
누가 말을 시켜도 웬만하면 대꾸를 하지 않는 사람으로 유명합니다.
대부분의 경우 주위 사람들이 그를 변명해 주느라 바쁩니다.
원래 사람은 참 좋은데 말수가 적어서 오해를 산다고,
기분이 나빠서가 아니라 사람이 좀 무뚝뚝해서 그렇다고….
그러면서도 한편으로는 왜 자기네들이 그를 변명하느라
이리 애를 써야 하는지 속상해하며 서로의 입을 모을 때도 많습니다.

태 씨는 엄마가 수다쟁이라는 말을 들으며 자랐습니다.
엄마의 수다가 동네 반장네 집안을 발칵 뒤집어 놓아
그 동네에서 쫓겨 난 적도 있습니다.
태 씨는 누구를 막론하고 수다 떠는 것이 질색입니다.

그래서 그는 절대 수다쟁이가 되지 않기로 결심했습니다.
하고 싶은 말이 입술까지 가득 차도 입을 열지 않았습니다.
상대방의 말이 틀렸어도 절대 입을 열지 않습니다.
그러면서 언제부턴가 혼잣말을 하기 시작했습니다.
"후후훗, 정말 웃기고 자빠졌군.
그 말은 다 틀린 말이야. 알지도 못하면서 떠벌리기는….
쯧쯧쯧, 저러니 집안이 그 모양이지."

태 씨는 집안의 돌연변이요 동네의 호인이라고 소문난 사람입니다.
어쩜 저렇게 점잖을 수가 있느냐는 말을 수도 없이 듣습니다.
그러나 그는 혼자 있는 공간에서
상상도 못할 지저분한 수다쟁이로 살아갑니다.
거울을 보며 욕을 퍼붓고, 남의 차를 고의로 긁고, 나무를 꺾고,
헛소문의 편지를 수신인 없이 보내는 등등
기회만 있으면 내면에 있는 쌍둥이 악마를 서슴없이 내보냅니다.
그러나 사람들 앞에선 '말없는 호인의 모습'을 절대 유지합니다.
엄마 같이 수준 낮은 엉터리 수다쟁이로 동네에서 쫓겨나지 않아야겠기에, 그 편지의 주인공이 태 씨임을 아무도 몰라야겠기에.

가식현상

　허세심리는 가식으로 사람을 옭아맵니다. 가짜 이야기로 시작해서, 가짜 이름을 주고, 가짜 얼굴로 살게 할 뿐만 아니라, 가짜 행동을 요구하여 가식으로 살도록 하는 것이 허세의 극치입니다. 가식은 허세의 사이클을 완성시킵니다.

　허세는 허세로 끝나야 그야말로 이름대로 허세입니다. 그런데 허세가 실세로 작동하려 하기에 악을 생산합니다. 가설, 가명, 가면은 다 드러나 보이지 않는 내면의 활동입니다. 이 활동들은 허세를 어디까지나 허세가 되도록 남겨놓을 수 있는 활동들입니다. 그러나 가식은 내면의 활동을 겉으로 드러난 행동으로 옮겨놓기 때문에 혹 어떤 이가 가식적이라고 눈만 찌푸리고 넘어가기엔 너무 악하고 힘이 많습니다. 허세가 실세가 되지 않도록, 가면을 쓰고 가식으로 살지 않도록 마음을 다해 과정을 막아야 합니다.

　가식은 자기를 감추기 위해 위선자가 되는 것을 말합니다. 처음에는 서툴 수도 있지만 한 가지 역할을 계속해서 하다보면 자기가 그 역할자인 것처럼 착각을 일으키기도 하지요. 그래서 연기자들에게 '디브리딩 프로세스 Debreading process'는 숨 쉬는 것만큼 중요한 생존 조건입니다. 연기를 잘 하기 위해서는 그 역할을 자신 속에 '인브리딩 inbreading' 하지만, 연기가 끝나면 "나는 연기자 누구지 왕이 아니다!"라는 디브리딩이 필히 일어나야 살 수 있습니다. 아니면 정신에 이상이 생겨 정신병자가 되지요.

때로 우리는 생존을 위해 가식을 행합니다. 내가 아닌 다른 사람으로 행동할 때가 있지요. 어쩔 수 없는 상황 때문에 잠깐 연극을 하듯 요구된 상황적 역할에 충실할 때가 있습니다. 그러나 정상적인 사람이라면 그 역할에서 벗어나기를 소망합니다. 당연하게 디브리딩 과정을 거치지요.

문제는 거짓이 갖는 은밀하고 악한 힘입니다. 거짓이 거짓을 낳게 하기 위해 거짓의 달콤함을 맛보게 하지요. "생각보다 그렇게 나쁘지만은 않아. 이 역할도 일리가 있어. 다 잘 살자고 하는 짓인데 뭐 이까짓 역할쯤이야 어떻겠어?" 시작에 상관없이 한 번 요구된 역할이 삶의 지속적인 행동 패턴으로 연결되면 허세는 악하고 강한 실세가 됩니다. 성장을 위해 새로운 결심으로 스스로 선택한 역할이 아니라 사연이 요구하는 역할이라면 그 역할은 하면 할수록 사람을 거짓에 옭아매고 옴짝달싹 못하게 하지요. 그 결국은 죽음입니다.

새로운 상황에 닥쳤을 때 그 상황을 이해하고 잘 넘어가기 위해서 인브리딩 프로세스는 매우 중요합니다. 새로운 역할과 행동이 요구되는 상황에서도 자기의 모습을 지키겠다고 고집을 부리며 거부만 한다면 이는 가식의 또 다른 면일 뿐입니다. 성숙한 사람은 새로운 상황을 새로운 역할과 행동을 통해 해결할 수 있는 능력을 발휘하는 사람이지요. 인브리딩 프로세스는 이럴 때마다 항상 사용되어야 하는 필수과정입니다.

누구를 막론하고 그 상황에서 빠져나오려는 노력을 소홀히 여겨서는 안 됩니다. 인브리딩을 통해 새로운 상황에 적응도 잘 하겠지만, 디브리딩을 통해 상황적 역할에서 빠져나올 수 있기 때문입니다. 가식으로 산다는 말은 인브리딩만 했지, 디브리딩은 하지 않았다는 말입니다. 가식이 그 사람의 행동패턴이 되어버렸다는 말이지요. 인브리딩과 디브리딩은 상황에 치우치지 않고 자신을 지킬 수 있는 중요한 프로세스입니다.

박 목사는 언제나 자신이 목사임을 잊지 않습니다.
친구들이 반갑다고 반말로 말을 건네면,
아무리 친구라도 목사에겐 예를 갖춰야 한다고 점잖게 타이릅니다.
성도들이 범접할 수 없는 흠도 점도 없는 목사가 되려고 애를 씁니다.
사람으로 살지 않고, 남편으로 살지 않고, 아버지로 살지 않고,
남자로 살지 않고, 사회인으로 살지 않고, 친구로 살지 않겠다고
박 목사는 늘 스스로에게 다짐합니다.

박 목사의 흩어진 모습을 본 사람은 한 명도 없습니다.
잘 웃지도 않고, 울지도 않으며, 말도 없고, 틈도 없습니다.
그렇다 보니 쳐다만 봐도 숨이 꽉 막힌다는 소리도 듣습니다.
그래도 박 목사는 자신이 목사인 것만을 다시금 강조합니다.
혹 아내가 불평을 하면 근엄한 목소리로 사모를 타이릅니다.
"기도하세요. 하나님 앞에 무릎 꿇고 깊은 기도 가운데 들어가세요."
혹 교회에서 자식들이 아버지라고 부르면,
"목사님이라고 불러. 난 모든 성도들의 영적 아버지지

너희들의 개인적인 아버지가 아니야."

가설이 가명이 되고, 가명이 가면이 되며, 가면이 가식이 되면 거짓은 사람 속에 자리를 잡고 살 터전을 마련합니다. 어설픈 가식은 겉으로 드러나기 때문에 지적되어 무너뜨릴 수도 있지만 터 잡힌 가식은 그 사람 자체로서 여간해선 무너지지 않습니다. 그 사람이 죽기 전에는 절대 무너지지 않는 경우도 많습니다. 그래서 가식의 결국은 죽음이라고 말하는 것입니다.

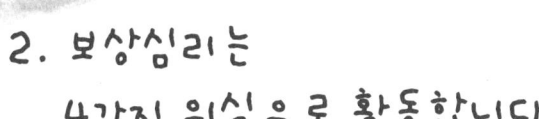

2. 보상심리는
4가지 의식으로 활동합니다

보상심리는 사연자가 관계자들에게 요구하는 당연한 값으로
피해의식, 피곤의식, 핍절의식, 열등의식으로 발전합니다.

허세가 작동하면 자동적으로 움직이는 심리가 보상심리입니다. 허세심리가 자기의 안정과 보호를 위해 본능적으로 작동되는 것이라고 한다면, 보상심리는 자기의 유익과 강화를 위해 생각과 계산을 통해 작동하는 심리입니다. 자기가 보호되지 않은 상태에서 자기 강화는 일어나기 어렵습니다. 일단 안정을 찾고 자기 자리가 확보되면 보상을 생각하고 계산하기 시작합니다.

보상심리는 사연자가 관계자들에게 요구하는 당연한 값입니다. 자기가 피해를 입은 만큼 또 자기가 수고한 만큼 관계자들로부터 보상되기를 원하는 마음의 계산입니다. 그러나 전적으로 자기를 중심으로 한 계산이기 때문에 시비를 가릴 수 없습니다. 그냥 넘어가는 것이 지혜로운 처신이지요. 그러나 이는 쉬운 일이 아닙니다. 계산하는 방법이 다르기 때문에 사연자와 상대자의 결과가 다르고 서로 부딪히는 것은 당연합니다.

시어머니가 손녀를 낳은 며느리 집에 가서 산후조리를 도왔습니다.
당연히 안사돈이 와서 산후조리를 해 줄 것이라고 믿었던 것과는 달리
경제형편이 어려워 일을 해야 하는 안사돈의 사정 때문에
어쩔 수 없이 울며 겨자 먹기로 산후조리를 해주게 되었습니다.
하기는 하지만 섭섭하고 속상한 것이 밖으로 드러나는 것을
속일 수는 없었습니다.

힘들고 괴로운 육신과 마음을 이렇게 저렇게 드러내도
조금도 요동치 않고 고맙다는 한마디로
시어머니의 섬김을 척척 받아내는 며느리가
이루 말할 수 없이 얄밉기도 하고 밉기도 합니다.
"어쩜 저렇게 당연하다는 듯이 시어머니의 섬김을 척척 받아내지?
보통이 아냐. 기가 막혀서."
제 어미가 얼마나 힘이 드는지, 얼마나 속이 타는지 아랑곳없이
자기 자식만 바라보며 실실대는 아들도 못마땅합니다.

아들이 며느리와 알뜰살뜰 잘 사는 것을 보면 마음은 기쁜데
어미의 수고를 알아주지 않는 것 같으면 금방 울화가 치밉니다.
안사돈의 전화 위로도 가식 같아 화가 납니다.

이왕 도와주는 김에 기쁘게 하라는 남편의 말도 속을 뒤집어 놓습니다.
하나부터 열까지 마음에 걸리지 않는 것이 없고,
누구의 말이라도 그냥 스쳐 지나가는 것이 없습니다.

어느새 손자가 유치원에 들어간다고 연락이 왔습니다.
아이에게 너무 중요한 날이라며
며느리는 흥분한 목소리로 전화를 했습니다.
안 오면 절대 안 된다고 몇 번씩 전화가 왔습니다.
"별나기는 저만 애 키우나? 난리를 치네, 난리를 쳐."
마음은 불편하지만 모든 일을 제치고 아침 일찍 아들네에 갔습니다.

며느리는 손자를 타이르고 있었습니다.
"태일아, 선생님 말씀 잘 듣고 공부 잘해야 해.
친구들과 싸우지 말고, 절대 말썽 피면 안 돼.
네가 이렇게 커서 늠름한 모습으로 유치원에 가기까지
엄마가 얼마나 수고하고 애썼는지 알지?
엄마를 생각해서라도 공부 잘하고,
선생님 말씀도 잘 들어야 해. 알았지?"
할머니의 수고는 일언방구도 하지 않는
며느리의 모습에 시어머니는 기가 막힙니다.
사연자마다 모든 사건을 자기만의 계산법으로 계산합니다. 대부분의 경우 다른 사람의 계산에는 관심이 없습니다. 사연자는 보상받을 값을 잊지 않고 기억하며 항상 계산하고 있어야 하기 때문에 상대방의 계산을 돌아볼 여유가 없습니다. 오히려 상대방이 자기에 대해 치러야 할 보상의 값을 계산하지 않았다는 사실에 놀라며, 마음이 상하고, 섭섭해하며, 괘씸하여 병까지 나는 경우가 허다합니다.

채워지지 않은 보상심리는 피해의식으로 발전합니다

보상심리란 사연자가 사건을 어떻게 해석하여 얼마만큼의 값을 정했느냐에 대해 상대방이 치러야 할 당연한 값을 요구하는 심리입니다. 보상은 항상 자기 계산법으로 계산된 값이어서 그 값을 치러야 하는 사람에겐 허무맹랑한 값일 경우가 많습니다. 상대방은 보상하기는커녕 엉뚱한 값을 매긴 사연자에 대한 반항감과 그 값의 허망함 때문에 사연자로부터 더 큰 보상을 받으려고 합니다. 그 결과는 더욱 멀어진 관계요, 엄청난 피해의식입니다. 그냥 막연한 심리로 시작했지만 이젠 사연이 의식화되어 사람 속에 깊은 뿌리를 내리기 시작합니다.

피해의식은 말 그대로 피해의 경험을 기억하는 언어모판이 생겼다는 말입니다. 피해의식으로 움직이는 언어모판이 작동하면 모든 사건을 피해로 해석하고 피해적 언어만 생산합니다. 별 것 아닌 것도 피해로 의식되고, 피해로 해석하고, 피해적 언어를 생산해 냅니다. 매 순간 매 사건마다 자신이 피해 입은 사람인 것을 확실하게 나타내며 살게 되지요.

물 한잔 떠오라는 아버지의 우렁찬 소리가 집안을 떠들썩하게 합니다.
"미선아, 아버지 물 한잔 주렴!"
그런데 그 순간 "왜 나야?"라는 생각이 들면서
갑자기 화가 치솟습니다.
'왜 아버지는 나만 시키는지 몰라!'
'내가 만만해서 그런가 아니면 내가 여자라서 우습게 보이나.'
'아버지는 손이 없어, 발이 없어?
자기가 떠다 마시면 되지
공부하고 있는 나를 불러 물 떠오라고 하는 거야?'
속에서 조절할 수 없는 화가 치밀어 오릅니다.
별의별 상상의 언어가 한꺼번에 다 쏟아져 나오면서
속이 있는 대로 상해 화가 더욱 증폭되어 갑니다.
물을 뜨러 부엌으로 가면서도 발걸음이 무거워 퉁퉁 소리가 납니다.

"아니, 너는 아버지한테 물 한 잔 떠다 주는 것이 그렇게 힘드냐?
내가 다시는 너한테 물 떠달란 소리 하지 않겠다.
나 이 물 안 마셔. 가져가.
대신 너를 위해서도 물 한 잔 먹이기 싫으니,
아무 것도 하지 마. 너 같은 딸 필요 없어!"

피해는 사실적인 근거로 계산해야 합니다. 그러나 피해의식은 감정적 계산이기에 사실적인 근거로 감지되지 않습니다. 사연자가 피해의식으로 작동할 때마다 사람들은 그 사람을 이상한 사람으로 취급합니다. 심한 경우 정신병자라는 취급도 받습니다.

피해의식은 무의식 속에서 뒤엉켜 있던 경험들이 하나의 공통된 주제를 찾아 한 군을 이뤄 의식 세계에서 모판화한 것입니다. 피해의식은 특정한 언어를 얻은 경험이요, 의식 속에서 확인된 경험이며, 모판화되어 그 사람의 성품이 된 언어입니다. 피해의식은 쓴 뿌리가 되어 자기를 힘들게 할 뿐만 아니라 주위 사람들을 괴롭히는 모판적 언어입니다. 피해의식이 평생토록 사연자를 조정해 '피해자'라는 타이틀로 살아가게 합니다. 아무리 보상을 해주고 채워줘도 만족하지 못하는 악한 모판입니다.

피해자는 피해를 입었다는 기본적 느낌으로 살아갑니다. 그러나 주위 사람들은 그 기본적인 피해가 무엇인지 잘 몰라 괴로워합니다. 처음 만나는 사람과도 피해의식으로 시작하기 때문에 이미 마이너스 상태로 출발합니다. 조금만 자기에게 불의한 일을 하는 듯 느껴지면 그 마이너스의 폭은 순간적으로 넓어지고 깊어집니다. 전혀 피해 준 일이 없는데 피해를 입었다고 말하니 황당할 뿐입니다. 피해의식을 가지고 사는 사람은 자기 증명을 위해 주위 사람들을 가해자로 만듭니다. 사소한 사건이지만 엄청난 피해를 입었다는 피해자 때문에 세월이 흐르면서 가해자가 피해자가 되기도 합니다. 동시에 사연의 힘은 보다 강력해집니다.

피해자는 참된 희생을 모르는 사람입니다. 희생을 피해로 해석하는 모판 때문입니다. 희생이란 강제로, 억지로, 어쩔 수 없이 당한 또 하나의 피해적 사건일 뿐입니다. 피해자에게 자원 봉사란 없고, 아름다운 희생이란 없습니다. 다 빛 좋은 개살구일 뿐입니다. 모든 것이 단순한 피해일 뿐입니다.

해결되지 않은 보상심리는 피곤의식으로 발전합니다

피곤하다는 말은 몸이 에너지를 회복하기 위해 쉼이 필요하다는 생존적 사인입니다. 피곤은 곧 쉼으로, 쉼은 곧 에너지로 연결됩니다. 그런데 만약 쉬었는데도 에너지를 회복하지 못하고 피곤이 지속된다면 몸에 이상이 있다는 사인으로 진단을 받아봐야겠지요.

몸은 휴식으로 피곤에서 벗어나지만 피곤의식은 쉰다고 없어지지 않습니다. 피곤의식은 몸이 피곤한 것이 아니기 때문입니다. 피곤의식은 그 사람의 언어모판이 피곤한 것이기 때문입니다. 피곤의식으로 살아가는 사람은 피곤하지 않으면 정상이 아니기 때문에 오히려 피곤을 유지해야 생존할 수 있는 심리적 상태로 살아갑니다.

보상을 받지 못해서 다른 사람을 위해 사용할 에너지가 전혀 없음을 스스로 항상 확인해야 하기 때문입니다. 그 누구도 나를 위해 무조건 희생한 경험이 없다고 자기의 언어모판에 새겨놓았기 때문에 자기도 남을 위해 에너지를 사용할 어떤 이유도 찾지 못하는 사람입니다. 오히려 피곤하지 않아 다른 사람을 위해 조금의 에너지라도 사용해야 할 불가피한 경우가 생길까 봐 두려워하는 사람이지요. 그래서 항상 피곤을 유지해야 합니다. 쉬어도 피곤은 지속돼야 합니다.

남 씨는 항상 피곤하다는 말을 입에 달고 삽니다.
시간을 가리지 않고 일하고, 공휴일도 없이 일합니다.
그래서 그런지 항상 피곤에 찌들어 있고, 짜증이 많습니다.

남 씨의 아내는 그런 남편 때문에 항상 괴롭습니다.
몸도 돌보며 일하라고 말하면 버럭 화를 내며 신경질을 부리는 통에
위로 한마디 제대로 할 수가 없습니다.
할 수 있는 일이라곤
집안의 모든 대소사를 알아서 처리하는 것입니다.

그러던 어느 날, 회사에 부도가 나 남씨는 직장을 잃고 말았습니다.
갑자기 닥친 일이었기 때문에 부부가 다 어쩔 줄 몰랐으나
아내는 남 씨를 위로하며 다독거려 주었습니다.
아이들을 더욱 더 조용히 시켰고,
혼자 쉴 수 있도록 좀 더 배려해 주었습니다.
그런데 한 해가 다 지나고,
두 해째가 되어도 일자리를 찾을 생각은 안 하고 만사를 귀찮아하고,

어디라도 함께 가야할 일이 생기면 피곤해하며 짜증을 냅니다.
일하면서 피곤하다는 말은 이해할 수 있는 말입니다.
아니 오히려 이해하려고 애썼던 말입니다.
그러나 먹고 노는 상태에서도 무조건 피곤하다고 하니,
정말 어처구니가 없습니다.
점심 먹자고 깨우고, 저녁 먹자고 깨웁니다.
하루 종일 먹고 뒹굴며 지내다가 밤늦도록 TV보며 지새웁니다.
일찍 자고 일찍 일어나 새벽예배도 가고 운동도 하자고 하면
피곤한 사람 더 피곤하게 만든다며 신경질을 있는 대로 부립니다.
친구나 친척들의 모임에도 피곤하다는 핑계로 한 번도 가지 않습니다.
병원에 가서 병이 있는지 진단도 받아보았고(병 없음!),
한방 치료도 받으며(병 없음!) 에너지를 창출하는 보약도 먹였습니다.
그러나 아무리 치료를 받고 약을 먹어도 피곤함은 떠나가지 않습니다.

피곤의식은 타인을 위해선 조금의 에너지도 사용할 수 없다는 생존적 사고체계입니다. 피곤은 신체적으로 감지되는 사실적 증거입니다. 그러나 피곤의식은 신체적인 사실이 아니라 생존을 위해 작동하는 언어모판의 결과입니다. 항상 몸이 피곤한 것을 호소함으로 자기에게 유익하지 않은 것은 절대 하지 않으려는 방어기제입니다. 절대 보상이 되지 않는다는 확신 아래 의무적으로 해야 하는 것이나 자기가 좋아서 하는 것 외엔 절대로 하지 않아야 한다는 생존적 결정입니다. 피곤의식은 그 자체가 피곤

으로 피곤의식을 가진 사람의 주위엔 항상 피곤이 흘러넘칩니다. 쉬고 또 쉬어도 피곤은 없어지지 않습니다. 오히려 피곤하다는 이유를 더 만들기 위해 애씁니다. 피곤의식은 피곤해야 삽니다.

충족되지 않은 보상심리는 핍절의식으로 작동합니다

핍절의식으로 작동하는 사람이란 가진 것이 많은데 마음이 부족해 나눌 수 없는 사람입니다. 실제로 가진 것이 없는 것이 아니라 의식적으로 가지지 않은 사람입니다. 가진 것을 의식하면 누군가가 나눠달라고 할 때 안 줄 수 없으니 스스로를 가진 것이 하나도 없는 사람으로 인식하며 살아가는 사람입니다. 나 외엔 어느 누구에게도 거저 줄 수 없는 사람입니다. 나는 없으니까 항상 받아야 하고, 나는 없으니까 절대 줄 수 없는 사람입니다. 누군가의 동정을 기다리고, 불쌍한 인간처럼 살아가는 사람입니다.

핍절의식은 절대적 빈곤의식입니다. 어느 날 핍절자 스스로가 '왜 나는 이렇게 빈곤하게 살아야 하는가'라고 자문하며, 자기를 위해서 허비하기로 작정한다면 모를까 타인을 위해선 옹색하기 짝이 없습니다. 보상되지 않은 심리적 경험이 타인에게 호의를 베풀 수 없는 타당한 이유를 제공하기 때문에 자신은 무척 떳떳합니다. 가질 수는 있으나 쓸 수는 없는 의식, 혹 쓰거나 나누어 주고 나면 그 빈 공간을 채울 길 없어 허망함을 느끼는 의식, 움켜쥐고, 쓸어 모으고, 자기 손에 가지고 있어야만 만족하는 현상, 이런 것을 핍절의식이라고 합니다.

핍절의식은 얼마만큼 많이 가졌는가에 초점을 두지 않고, 얼마나 갖지 못했는가에 초점을 둡니다. 그래서 항상 부족하고, 항상 없고, 항상 쪼들립니다. 뭐든지 공짜를 좋아하고, 당연히 자기를 위해서 누군가가 내 주고, 더 주고, 항상 채워주어야 한다고 생각합니다. 나중을 위해서 절대 나누어 줄 수 없는 사람이 핍절의식으로 작동하는 사람입니다. 절대빈곤은 실제 상황이 아니라 마음의 상태입니다.

핍절의식자들은 핍절자를 싫어합니다. 자기의 옹색함에 대해서는 타당한 이유가 있다고 믿어 무슨 방법을 동원해서라도 자기 스스로를 비판의 대상에서 제외하지만 다른 핍절자의 쩨쩨한 꼴은 못 봅니다. 해결되지 않은 보상심리가 작동되기 때문입니다. 나도 없는데, 너까지 없으면 어쩌느냐는 것이지요. 상대방의 빈곤이 자신의 마음을 더욱 힘들게 하고 괴롭게 합니다. 혹시 타인의 빈곤이 자신의 나눔으로 연결될까 봐 걱정이 돼서 그렇습니다. 그래서 그런 사람을 만나면 즉시 헐뜯고, 비판하여 아주 못된 사람으로 만들어 버립니다. 때론 다른 사람이 핍절해지는 것을 보고 즐기기도 합니다. 남이 하나를 더 소유하게 되면, 자기는 상대적으로 하나를 가지지 못한 것이 되기에 핍절의식은 그 사람을 비참하게 만듭니다. 자기의 풍성함은 인정이 안 되고, 타인의 풍성도 용납할 수 없는 핍절은 그 사람을 참으로 빈곤하게 만듭니다.

배 씨는 사람들에게 피해 주는 것을 참 싫어합니다.

다른 사람이 자기에게 피해 주는 것은 더욱 싫어합니다.

이유 없는 호의는 너무 부담스러워 싫고,

관계를 유지하기 위해 때마다 챙겨주어야 하는 선물도 너무 싫습니다.

배씨는 종종 자기 주위에 아는 사람들이 없었으며 좋겠다고 생각합니다.

홀로 외딴섬에 가서 살았으면 소원이 없겠다고 말합니다.

누구도 귀찮게 할 필요가 없고, 누구에게도 귀찮음을 당하지 않는

그런 '평온한 삶'(?)을 그리워합니다.

배 씨는 주위 친척들이나 친구들과의 관계를 유지하기 위해

그들의 요구를 들어주어야 한다는 사실이 너무 괴롭고 힘이 듭니다.

더 이상 줄 것이 없다고 생각하기 때문에

주위 사람들이 다 만족스러워 해야 한다고 믿고 있는데,

항상 부족하다며 무엇인가를 더 달라고 하는 듯하면

순간 눈이 돌아가고 머리 뚜껑이 열려 버립니다.

이미 계산해 준 돈 외에 돈이 필요하니 달라고 한다든지,

자기에게 말도 하지 않고 옷을 샀다든지,

먹고 있는 것을 다른 사람과 나누어 먹어야 한다든지 등등

수많은 순간들이 배 씨를 화가 나서 어쩔 줄을 모르게 합니다.

아내는 남자가 쩨쩨하게 뭐 그런 것 가지고 힘들어하느냐고
나무라지만 배 씨는 그런 아내를 이해할 수 없습니다.
자기의 마음을 몰라주는 매정하고 무심한 여자라고 생각될 뿐입니다.
"내 주위엔 주고 또 주어도 만족할 줄 모르는 사람들로 꽉 차 있어.
내가 이해해야 해. 생각해보면 불쌍한 사람들이야.
하나님, 그들을 불쌍히 여겨주세요.
이젠 더 이상 이렇게 살면 안 되겠어요. 제가 더 단단해져야겠어요.
안 되는 것은 칼로 자르듯 거절하고,
되는 것은 이유가 타당할 때만 허락하겠어요."

핍절자는 항상 빈곤이라는 한계에 부딪히며 사는 사람입니다. 자기는 항상 없는 상태이기에, 나누어 줄 수 없는 자로 살아갑니다. 교회에서 건축에 대한 말만 꺼내도 그 자체가 이미 자기 돈을 노리는 행위라고 판단해 불평과 불만을 쏟아놓습니다. 아직 시작도 하지 않은 일인데 그 사람은 이미 건축헌금 때문에 거지가 되었습니다. 절대 건축헌금으로 한 푼도 내지 않을 사람이고, 필요하다면 그 교회를 떠날 사람인데, 부담은 홀로 다 짊어집니다. 정말 비참하게 살아가고, 불쌍하게 사는 사람입니다.

충족되지 않은 보상심리는 열등의식으로 작용합니다

가진 것도 있고, 배운 것도 많고, 할 줄 아는 것도 있으며, 극히 정상적인 수준의 외모를 가진 사람이면서도 열등의식에 시달리는 사람은 백이면 백 사연으로 말미암아 보상이 되지 않은 '허'를 가진 사람입니다. 열등의식은 자기가 남보다 못하다는 사고체계의 결과입니다.

열등의식은 사연자를 참으로 비참하게 만듭니다. '네가 어디가 어때서 열등의식에 시달리느냐'는 질문에 특별한 이유를 댈 수도 없습니다. 그냥 '감'이 그런 거지요. 딱히 왜 그런지 그 이유를 꼬집어 말할 수 없는 것이 열등의식입니다. 여러 가지 경험의 총체적인 결과가 열등이라는 모판을 만들어 작동하는 것으로 그 이유가 무엇인지 딱 부러지게 말할 수 없습니다. 그래서 '못난이'라는 소리를 듣는 것이요, '못난이 증세'를 앓고 사는 것입니다.

'못난이 증세'는 '앞뒤가 꽉꽉 막힌 답답한 사람의 증상'을 의미합니다. '진퇴양난적 퍼스날리티'지요. 예전에 안 된 일을 기억하고 미리 안 될 것을 예견하며, 지금 안 된 것들을 당연한 결과로 받아들이는 사람의 증상입니다. 열등의식을 가진 자는 못할 것과 안 될 것을 예견하고, 이를 현실화하는 '못난이적 능력'을 십분 발휘하며 사는 사람입니다. 하면서도 못한다고 말하고, 되면서도 안 된다고 말하며, 먹으면서도 못 먹는다고 말하고, 가면서도 못 간다고 우깁니다. 현실을 현실 그대로 받아들이지 않고, 자기의 열등적 언어로 현실을 망쳐가는 사람입니다.

열등의식은 존재적 '허'입니다. 못난이로 사는 것을 어쩔 수 없는 자신의 운명으로 여깁니다. 열등의식 때문에 무척 괴로워하면서도 막상 자신감 넘치는 잘난이로 살 수 있는 길이 열려도 그 길을 선택하지 않습니다. 아니 절대 못합니다. 이미 자신이 어떻게 살 것인가가 결정되었기 때문이지요. 잘난이로 산다는 것은 마치 남의 옷을 빌려 입은 것과 같아 편안하지 않습니다. 못난이는 못난이로 사는 것이 제격이지요. 때론 못난이로 사는 것을 즐기기도 합니다. 그 정도로 못난이가 편하지요. 항상 괴롭기는 하지만….

노 씨는 삼형제 중 둘째입니다.
아버지는 모 대학의 교수로서 집안이 대대로 좋기로 유명한 분입니다.
다 두뇌가 뛰어나고, 인물이 출중하며, 키도 크고,
모두 한 가지 악기씩은 다룰 줄 알며,
다방면에 박식하여 누구와 만나도 대화가 되는 사람들입니다.

그런데 노 씨는 항상 자신만은 '잘난 노 씨의 부류'가
아니라는 생각을 종종 합니다.
노씨 집안 수준에 벗어나는 것이 한 가지도 없는데
아버지 같지 않고, 아버지 형제들 같지 않고,
형 같지 않고, 동생 같지 않다는 생각에 시달립니다.
왠지 아버지를 닮지 않았다는 느낌과
형이 동생만 좋아하는 것 같다는 생각과

다른 형제들과 비교하여 모자라다는 느낌을 버릴 수가 없습니다.

변화를 기대할 수 없는 운명 같은 삶을 살아가던 어느 날,
온 집안이 한순간 무너지는 청천벽력과 같은 사건이 터졌습니다.
그렇게 잘나고, 그렇게 멋있고, 그렇게 활기 넘치던 형이
갑자기 자살을 한 것입니다.
온 가족이 어떤 이유라도 좋으니 무슨 특별한 이유를 찾으려 애썼지만,
아무도 형이 자살한 이유를 찾지 못했습니다.

"아, 그렇구나. 이유가 없어도 되는구나.
그런데 난 뭐야?
이렇게 살기가 힘들고 싫어 못난이로 살아가면서도
형처럼 멋있게 생명을 끊을 줄도 모르는 바보 같은 놈 아니야?
어휴, 이 못난이."

열등의식은 매사 일어나는 사건에서 자신의 못난 점을 발견하고 또 못났음을 확인하는 작업을 계속합니다. 뭐든지 비교의 대상을 삼고, 뭐든지 비관할 수 있는 이유를 만들고, 뭐든지 자신을 비참하게 만드는 재료로 사용합니다. 열등의식은 보상이 되지 않아 '허'가 생긴 사연자가 그 '허'를 '존재적 부족함'으로 전환시킨 아주 악한 케이스입니다. 여러 가지 병을 만드는 지름길입니다.

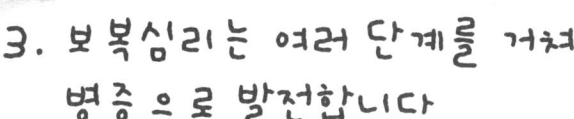

3. 보복심리는 여러 단계를 거쳐 병증으로 발전합니다

보복은 악에 받친 마음의 결과로, 섣불리 할 수 없습니다.
반드시 몇 가지 단계를 거친 뒤에 실행됩니다.

보복을 하며 사는 것은 매우 가슴 아픈 일입니다. 그러나 그렇게 되기까지 사연자는 얼마나 많은 상처와 아픔에 시달렸는지 모릅니다. 보복이 시작되었다는 것은 사연자가 이미 관계적 계산을 끝낸 상태라는 의미입니다. 더 이상 상대방의 플러스적 또는 마이너스적 행위도 계산상 아무런 영향을 끼치지 못한다는 사인입니다. 더 이상 참을 수도 없고, 더 이상 견딜 수도 없는 상태에 이른 것이죠. 보복은 상대방이 당연히 치러야 하는 값이요, 모두가 지나가야 하는 필수과정임을 스스로 확신한 단계입니다.

보복하는 단계에 이르면 의식은 이미 굳을 대로 굳어지고, 마음은 악이 받칠 때로 받친 상태라 되돌아서는 일은 거의 없습니다. 되돌아서려면 특별한, 아주 특별한 기적이 필요합니다. 그러나 쉽게 보복 단계로 접어들지는 않습니다. 보복은 악에 받친 마음의 결과입니다.

보복은 아무나 하는 것도 아니고, 아무렇게나 할 수도 없습니다. 자기보다 강한 자를 통해 상처를 입은 사연자는 잘못 보복했다간 도리어 자기가 당할 수 있음을 잘 압니다. 그래서 섣불리 보복할 수 없지요. 보복에 타당한 이유, 조건, 상황이 다 맞아 떨어져야 합니다. 그래서 보복은 몇 가지 단계를 필히 거친 뒤에 실행됩니다.

사연자는 필히 병들어야 합니다

사연자는 자기의 사연이 매우 절박함을 매 순간 피력해 왔습니다. 그러나 사람들은 그런 사실을 대수롭지 않게 여기고 지나갑니다. 그래서 사연이 더욱 사연이 되어가고, 사연자는 마음에 병이 들지요. 마음의 병 외에는 달리 자신을 사연자라고 알릴 수 있는 방법이 없습니다. 마음은 사연으로 시달리고, 생각은 온통 사연으로 가득 차고, 날마다 괴로워하고, 매 순간 아파하면서 사연자는 자신이 보복하지 않으면 안 되는 상황과 이유를 만들어 가고, 자기 스스로에게 보복의 타당성을 증명합니다. 병이 드는 것은 보복을 위한 필수 과정입니다.

사연자는 증상을 통해 자신의 병을 드러냅니다

병자가 되기까지는 상당한 시간과 에너지의 투자가 필요합니다. 또 많은 병적 증세들을 동반합니다. 그러나 잘 알아차리지 못합니다. 병자가 된 후에야 증상들이 확연히 드러나고 그제야 병을 고쳐보려고 애씁니다. 그러나 이미 때는 늦었지요. 한 번 병자가 되면 잘 고쳐지지 않습니다.

병적 증상은 여러 가지 방법으로 표면화됩니다. 이를 보다 쉽게 이해하기 위해 슬픔, 화, 불안 등 3가지 감정을 중심으로 설명하겠습니다. 병적 증상으로 나타날 수 있는 이 '3대 감정'은 한 사람이 가질 수 있는 그리고 표현할 수 있는 극히 정상적이고도 건강한 감정입니다. 그러나 이것들이 제때 자연스럽게 표현되지 못하고 억눌리게 되면 왜곡된 감정으로 발전해 병적 증상으로 나타납니다. 모든 감정은 다 자연스럽게 표현되어야 합니다. 기쁨도 표현되지 못하면 병적 증상이 되고, 사랑도 표현되지 못하면 왜곡된 감정으로 발전합니다. 감정이 병적 증상으로 발전될 때는 3대 감정인 슬픔, 화, 불안으로 전환되어 발전합니다.

슬픔

슬픔은 그 자체로는 건강하고 정상적인 감정입니다. 그러나 슬픔을 이기지 못하고, 슬픔에 잠기면 이로써 모든 병이 시작됩니다. 슬픔은 다른 감정처럼 별스럽지도 않고, 튀지도 않지만 조용히 사람을 삼키는 힘을 가지고 있습니다. 마치 미지근한 물에 미꾸라지가 삶아지듯 슬픔은 사람을 은근히 그리고 서서히 병들게 합니다. 또 슬픔은 여러 가지 왜곡된 감정들을 생산하는 '병적 기지의 역할'도 감당합니다. 그래서 슬픔을 '매우 무서운 감정'이라고 말합니다.

어떤 감정이든 사연으로 상처를 받으면 슬픔이라는 감정으로 전환됩니다. 슬픔은 가장 기본적이고도 폭넓은 감정입니다. 한 번 슬프면 기쁘기가 쉽지 않고, 슬픔을 능가하는 기쁨을 얻기란 '비 오는 하늘의 별 따기'보다 더 어렵습니다. 그래서 슬픔을 '감정의 늪'이라고 부릅니다. 슬픔은 감정의 늪 같아서 모든 사사로운 다른 감정들을 다 잡아 먹습니다.

슬픔은 모든 병적 증상을 낳는 산모 역할을 합니다. '슬프지 않으면 병이 되지 않는다'는 말이 있을 정도입니다. 슬픔은 참으로 모든 병의 터가 되는 강력한 병적 기지입니다. 슬프면 우선 정서적 에너지와 정신적 에너지를 상실합니다. 생활의 활력을 잃어 아무것도 하기 싫어집니다. 왜 먹어야 하는지, 왜 일어나야 하는지 등 아주 기본적인 생활에 대해 의문을 제기하고 답을 찾지 못합니다. 그로 인해 삶을 작동시키는 기본적인 원동력을 상실케 되고, 몸은 힘을 잃고, 슬픔은 고질적이고 병적인 슬픔으로 발전합니다.

슬픔은 사연 때문에 시작합니다만 슬픔에 빠지면 그냥 슬픕니다. 병적 슬픔은 슬픈 이유를 딱히 찾지 못해도 무조건 슬픕니다. 그 어떤 것도 슬픔의 늪에 빠진 자신을 자극하지 못합니다. 슬픔에 빠져있는 자신을 빼낼 그 어떤 것도 찾지 못하기에 결국 죽음을 그 마지막 코스로 선택하는 것입니다. 슬픔의 결국은 죽음입니다.

슬픔을 주제로 한 병적 증상들 중 가장 대표적인 것이 우울증입니다. 우울증은 고혈압과 당뇨처럼 모든 다른 정신병의 원인이 되고 합병증을 불러오기도 합니다. 우울증이라고 얕잡아 보고 괜찮아질 것이라고 믿으며 그냥 내버려두면 오히려 큰 병이 됩니다. 우울증은 초기에 발견해 치료해야 하며, 약물치료를 동반해야 합니다.

우울증과는 반대 현상인 조증도 심각한 병적 증상입니다. 3~4일씩 잠도 자지 않고, 돌아다니고, 말하고, 활동하는 등 에너지가 차고 넘쳐서 주체할 수 없는 증상입니다. 생각이 살아 움직여 한순간도 가만히 있을 수 없는 상태로 조절을 위해 외부의 특별한 도움이 필요합니다. 생각이 쉬지 않고 움직이고 있어 몸이 쉬지 못하는 상태입니다. 이 또한 약물 치료를 동반해야 합니다.

슬픔이 지배하는 가정의 특색은 삶의 의욕이 매우 낮다는 것입니다. 생활 에너지가 매우 적고 우울이 지배적인 분위기입니다. 가족끼리의 의사소통은 무언의 대화나 몸으로 하는 대화를 많이 하고, 각자의 움직임을 통해 상대방이 자기가 해야 할 말을 알아차려 주기를 기대하는 대화가 지배적입니다. 그러다보니 전체적인 집안 분위기는 조용하고 은밀합니다.

굳이 말하지는 않았지만 상대방이 알아서 해결해 주어야 한다는 기대가 상상보다 높기 때문에 작은 일에도 섭섭함이 크고, 부정적 감정의 교류는 더욱 심해집니다. 작은 일에도 큰 절망을 거듭하고, 삶을 풀어가는 언어나 방법이 매우 미숙합니다. 그러다가 이리 막히고 저리 막힌다고 생각되면 "나 하나 없어지면 그만인데…"라는 절망적인 언어를 붙잡고 자살을 시도하는 사람들도 많습니다. 죽음이 마지막 해결책이라고만 생각하는 것이지요. 슬픔은 사람과 그 사람이 속한 가정을 매우 단순하고, 매우 미숙하고, 매우 역기능적으로 작동하게 합니다.

슬픔을 주제로 한 병적 증상들은 대부분 외로움, 고독과 같이 스스로는 해결할 수 없는 강한 감정들을 동반하며, 왕따 의식과 피해 의식이 작동하여 스스로 병적 구덩이를 파고 깊은 늪 속으로 빠져 들어갑니다. 슬픔이 자기의 주제 감정으로 작동되는 사연자는 삐침증과 섭섭증을 가장 흔하게 겪으며, 병적증상이 성격이 되기도 합니다. 슬픔이 너무 심하다보면 현실을 기피하고 사람을 회피하는 회피성 장애 (Dissociative Disorder)를 일으킵니다. 이는 자기가 속해 있는 현실에서 벗어나 자기를 구원해보려는 병자의 안타까운 몸부림이기도 합니다.

정신분열증을 앓는 사연자도 슬픔을 주제로 작동하는 경우가 많습니다. 섭식 장애와 수면 장애 그리고 적응 장애도 종종 슬픔으로 인해 나타나는 증상입니다. 슬픔은 여러 가지 중독으로도 연결됩니다. 알코올 중독이 슬픔을 주제로 한 대표적인 중독입니다. 알코올 중독 자체가 현실과 사람을 회피하게 하는 생활 스타일이기도 합니다. 여러 가지 마약 중독도 슬픔이 주제 감정일 경우가 많습니다.

슬픔은 기쁨으로만 이길 수 있습니다. 문제는 슬픈 자가 억지로 그리고 스스로 기쁠 수 없다는 것이지요. 그래서 슬픔은 자신의 언어 모판으로는 절대 해결할 수 없는 병입니다. 믿음의 언어를 붙잡아야만 해결될 수 있는 병입니다. 하늘에서 오는 하나님의 언어인 믿음의 언어는 유일하게 사람의 언어모판을 초월하는 언어를 구사할 수 있습니다. 그러면 기적이 일어나지요. 그래서 병도 낫게 되는 것입니다. 예수를 믿으면 하늘로부터 오는 기쁨을 맛볼 수 있습니다. 예수를 믿으십시오. 예수를 믿으면 지금 당신이 매우 슬픈 상황에 처해있다 해도 기쁠 수 있습니다. 그것이 예수 안에 감추어진 비밀입니다.

화

감정은 개인플레이를 하지 않습니다. 어떤 감정 하나라도 다른 감정과 상관없이 따로 놀지 않습니다. 서로가 깊이 연결돼 움직이지요. 슬픔과 화는 특별히 더욱 그렇습니다. 둘 다 매우 기본적인 인간의 감정인지라 한 감정의 움직임은 다른 감정의 요동을 부추깁니다. 슬픔이 작동하면 화가 작동되고, 화가 작동되면 슬픔이 작동하지요. 그래서 슬픔을 '억눌린 화'라고 하고, 화는 '표출된 슬픔'이라고 합니다. '드러난 슬픔' '표현된 슬픔' '돌출된 슬픔' '폭발된 슬픔' 등이 '화'입니다. 그래서 화를 내는 자마다 그 마음 깊숙한 곳에는 항상 슬픔이 자리 잡고 있습니다. 슬픔이 있는 자가 그 슬픔을 화로 표출한 것입니다. 자살도 표출된 슬픔이기는 마찬가지입니다.

한 가지 흥미로운 사실은 화를 내는 사람은 자기가 슬퍼서 그런 줄을 모른다는 것입니다. 그냥 화가 치솟는다는 사실밖에는 알지 못합니다. 드러난 화 뒤에 배경으로 움직이는 강한 슬픔이 있다는 사실을 모릅니다. 화를 많이 내는 사람마다 필히 슬픈 경험이 많았음을 여러 가지 연구 결과들을 통해 알 수 있습니다. 제때에 제대로 표현하지 못한 슬픔이 화로 전환되어 표출되는 것입니다.

　화를 표출케 하는 가장 대표적인 잠재감정은 억울함입니다. 거절, 무시, 배신, 누명, 사기 등은 슬픔으로 표현하기엔 너무 절망적인 상황으로 사연자는 살아보겠다고 화를 냅니다. 화는 사연자의 생존적 몸부림이기도 합니다. 억울함이 화의 바탕 감정으로 깔려있기 때문에 사람과 환경에 대한 적개심과 반항심은 화로 풀어가는 사연자의 당연한 마음의 결과입니다.

　슬픔으로 풀어가는 삶의 에너지도 상당해 결국 생명 에너지를 고갈시키고 죽음을 불러오지만, 화로 풀어가는 사연자의 삶의 에너지 사용 또한 대단해 다른 곳에 사용할 삶의 에너지를 남기지 않습니다. 예를 들자면 관계를 풍성하게 하기 위해 여가를 즐기고, 유머를 사용하고, 웃고, 여행 가고, 장난치며, 노는 등의 삶의 맛을 즐길 수 있는 삶의 에너지가 부족합니다. 조금 잘 풀린다 싶으면 뭔 꼬투리를 잡아서라도 결국 화를 내고 끝내는 경우가 보통입니다. 항상 피곤하고, 짜증이 나며, 불만이 가득 차 있습니다. 화를 내고 돌아서서는 자기가 왜 화를 냈는지 모르는 경우도 많습니다.

　화로 풀어가는 사연자는 자기는 가만히 있는데 사람들이 자기를 건드려 화를 내게 한다고 말합니다. 그래서 주위 사람들에게 귀가 따갑도록 부르짖습니다. "나를 화나게 만들지 마!" 화를 내는 사람은 화의 원인이 타인에게 있다고 믿습니다. 자기를 건드리지만 않으면 화를 낼 일이 없다고 믿습니다. 그런데 사실은 화가 자기 내면에 있으며, 화를 다스릴 줄 몰라 화가 나는 것이며, 자기가 화의 노예가 되어 살아가는 것입니다. 화를 내는 자신에 대해 타인 때문이라는 핑계를 대고, 늘 자기의 화를 변명합니다.

  화는 삶의 의욕을 낮춥니다. 삶의 에너지도 낮지만 살아가는 동안에 일어나는 사소한 일들이 다 화의 원인이 되고 화를 내는 기회를 제공합니다. 그래서 화를 내는 사람은 사는 것이 참 힘듭니다. 대화는 없고 시끄러운 소리는 많은 편이지요. 대화한다고 하다가 소리 지르고, 욕 하고, 집어 던지고, 싸우며, 폭력으로 끝나는 경우가 허다하니까요. 만약 어쩌다 대화를 해도 명령조 어투로 통보식 대화밖에는 할 줄 모르기 때문에 상대방이 대화하는 것을 싫어합니다. 화를 내며 관계하다보니 상대방과 부정적 감정 교류가 왕성케 되고, 마음과는 달리 좋지 못한 이미지를 남기게 됩니다. 화를 내는 사람도 또 그 주위에 있는 사람들도 항상 긴장 상태에서 살아갑니다.

  화는 여러 가지 정신적 문제로 연결됩니다. 울화증, 가슴앓이, 괘씸증뿐만 아니라 섭식장애와 수면장애는 물론 사람들이 자기를 건드려 화나게 한다는 데 집착하게 되면 여러 타입의 편집증으로도 연결될 수 있습니다. 심하게는 정신분열 증세도 나타납니다. 화를 다스릴 수 없어 여러 가지 틱이나 말더듬 그리고 반항적이고 반사회적이며 폭력적인 행동들이 증세로 나타날 수 있고, 조증도 앓을 수 있습니다. 마약과 도박, 밀수와 도둑질 그리고 성폭행과 살인 등 이웃에게 해를 주는 행동들을 저지를 수 있습니다. 화를 다스릴 수 없기에 허위성 장애나 신체화 장애도 앓을 수 있는데, 특별한 이유 없이 몸이 병적 증상을 나타내기도 하고, 여러 스타일의 충동장애도 나타냅니다. 다른 사람의 법과 규칙에 적응하기가 어려워 적응 장애를 나타내고, 반사회성 인격 장애, 경계성 인격 장애, 히스테리성 인격 장애, 소극적-공격형 인격 장애를 나타내기도 합니다.

화는 지극히 정상적인 인간의 감정적 반응입니다. 문제는 화는 내는 것 자체보다는 지속적이고 조절되지 못하는 화로 인해 발생하는 생활입니다. 생활과 관계를 파괴하는 요인이 되는 화는 병으로 취급되고 치료를 받아야 합니다. 상담도 받고, 약도 먹고, 필요하다면 병원에 입원도 해야 합니다. 조절되지 않는 화로 인해 성품이 일그러지고 관계가 파괴되는데도 병원에 갈 생각을 하지 않고 방치하는 사람들이 많다는 사실이 참으로 놀랍습니다. 화는 다스려져야 하고, 조절돼야 하며, 적절하게 표현돼야 하고, 건강한 방법을 통해 표출시켜야 합니다. 이를 위해 화를 다스리는 방법들을 배워야 하고 화를 표출하는 건강한 방법들을 필히 훈련해야 합니다.

건강한 화는 건강한 일상생활을 위해 필요한 감정적 반응이지만 병적인 화는 필히 치료돼야 하는 병입니다. 병적인 화를 치료하는 약은 자신의 존재적 가치를 알아주는 진정한 '인정'입니다. '타당한 인정' '합당한 인정' '정당한 인정' '당연한 인정' '기꺼운 인정' '넉넉한 인정' 등 진정한 인정을 받는 것만이 병적인 화를 치유하는 바른 길입니다.

그러나 아이러니하게도 병적 화를 내는 사람을 치유하기 위해 세상은 필요한 만큼의 인정을 고분고분히 그리고 온전히 잘 주지 않습니다. 부모나 형제나 친구들마저도 치유에 필요한 질적인 인정을 주는 데 매우 야박합니다. 세상으로부터는 질적 인정을 얻어내기가 매우 어렵습니다. 그래서 화를 내는 사람은 계속적으로 더욱 큰 화를 내게 되는 것이지요. 진정한 인정이란 사람이 무엇을 하지 않아도, 그 존재만으로도 인정을 받을 수 있는 그런 차원의 인정을 의미합니다.

하나님은 사람을 사랑하셔서 당신의 아들 예수를 십자가에서 죽이시면서까지 사람에 대한 자신의 사랑을 확증하신 분이십니다. 그 분의 인정을 받았다는 사실을 깨닫는 것이야말로 한 인간의 병적인 화를 다스릴 수 있는 가장 근본적인 치유책입니다. 존재적 가치를 뛰어넘는 무조건적이고 넉넉한 인정은 세상에서는 도무지 찾을 수도 없고 또 맛볼 수도 없기 때문입니다. 하나님을 믿으면 기쁨이 생성되고, 기쁨이 생성되면 슬픔이 해결되며, 하나님의 자녀로 인정을 받음으로 화도 치료되는 일거양득의 열매를 얻게 됩니다. 예수를 믿으십시오. 참된 인정을 받은 자만이 온유함을 소유할 수 있기 때문입니다.

불안

슬픔이나 분노 그리고 불안 등 모든 감정은 다 인간이 살아가는데 필요한 기본적인 감정입니다. 그러나 어떤 감정도 홀로 작동하거나 스스로 자생하는 감정은 없습니다. 아무런 일도 없는데 슬픔이 지배적인 감정이 될 수 없고, 특별한 사건 없이 분노가 지배적인 감정이 될 수는 없다는 말입니다. 슬프기도 하고 분하기도 하고 때로는 불안하기도 하고 두렵기도 하면서 여러 가지 감정이 때를 따라 교차하며 상황에 맞게 반응해야 정상적이고 건강한 사람이 됩니다. 정신병자가 되는 이유는 모든 감정이 제때 맞는 제 기능을 제대로 감당하지 못해서 한 가지 두드러진 감정만 지배적으로 움직이기 때문입니다.

불안은 예기치 못한 어떤 상황에 대처하는 생존적 감정입니다. 불안하기에 무엇인가 하지 않으면 안 된다는 긴급함을 동반하게 되고, 그러므로 상황을 대처할 수 있는 필요한 방법들을 모사하게 되는 것입니다. 불안은 사람이 생존하는데 없어서는 안 될 아주 중요한 감정입니다. 그러나 문제는 불안을 동반해야 하는 상황이 해결됐음에도 불구하고 불안한 감정이 지속되고 지배적일 때입니다.

무엇인가가 자기를 해칠 것만 같고, 어려운 문제가 닥칠 것만 같고, 홀로 남을 것만 같은 알 수 없는 불안한 감정이 끊이지 않고 지배한다는 것입니다. 불안이 닥치면 생존적 긴급함이 끊임없이 동반되므로 이유 없는 두려움과 초조함과 긴장감이 쉬지 않고 지속됩니다. 한순간도 편안할 수 없고, 한순간도 평안할 수 없습니다. 불안하니 모든 것이 두렵고, 두려우니 의심하고 절대 믿지 못합니다. 믿지 못하니 불안하고, 불안하니 초조하고, 초조하니 긴장합니다. 긴장하니 신경이 날카롭고, 신경이 날카로우니 작은 일에도 큰 일이 난 것처럼 과장하고, 과장하니 사람들이 믿어주지 않고, 믿어주지 않으니 집착하고, 집착하니 집요해지고, 집요해지니 강박적으로 변하는 것입니다.

불안으로 지배되는 사람은 자기의 불안을 직접적으로 표현할 수 없어 여러 가지 다른 모양으로 전환해 표현합니다. 계속적인 악몽으로 시달린다든지, 광장공포, 공항공포, 특정적인 사물에 대한 공포, 사회관계 속에서 사람에 대한 공포 등에 시달린다든지 또는 긴장(Catatonic Type)이나 망상(Delusion)이나 집착이나 강박으로 시달리게 됩니다. 불안으로 시달리는 사람은 항상 긴장한 상태로 살아가며 지속적으로 불안할 수 있는 한 가지 주제를 만들어 집착합니다. 자기가 얼마나 불안한지를 알려주기 위해 선택한 최선의 방법입니다. 그러나 그 조성된 불안 자체가 너무 크고 조절할 수 없어 불안 속에 헤매는 병자로 끝나버리는 경우가 허다합니다. 자기가 조성한 불안 때문에 미쳤다는 소리를 듣는 경우도 많습니다.

모든 감정이 그렇듯 불안도 자생할 수는 없습니다. 사람이 불안에 시달리는 분명한 이유는 있습니다. 그러나 불안하기는 한데 무엇 때문인지 설명하기 어려운 경우도 허다합니다. 언어가 부족한 경우도 많습니다. 제때 제대로 표현되지 못한 억눌린 불안이 두려움이 되고, 두려움이 초조와 긴장과 높은 스트레스와 불신과 망상을 동반합니다. 불안으로부터 살아남겠다는 필사적인 몸부림이지요.

불안으로 작동되는 가정의 특징은 비밀스럽다는 것입니다. 상대방에게 자기의 의사를 소통할 때도 자기만이 알고 있는 비밀스런 코드로 소통합니다. 상대방이 알아들을 리가 없지요. 그래서 더욱 불안하고 더욱 초조합니다. 마치 원수에 둘러싸여 사는 것 같은 두려움과 긴박함에 휩싸여 모든 관계를 끊고 사는 사람이 됩니다. 생각이 복잡하고, 많고 집요하며,

꼬리에 꼬리를 무는 방법으로 사고합니다. 많은 경우 답이 없는 생각에 휩싸여 스스로 괴로워하고 힘들어합니다. 이 모든 증상이 다 불안해서 그렇다면 이해가 되시겠습니까?

불안 때문에 가동되는 병은 다음과 같습니다. 불안 장애, 이별불안장애, 수면장애, 적응장애, 각종 공포장애(광장공포, 공황공포, 사회공포), 외상 후 스트레스 장애, 물질 관련 불안 장애, 의심증(의처증, 의부증), 편집증, 강박증 등의 집착증입니다. 불안은 여러 가지 인격 장애로도 발전이 되는데 분열성 인격 장애, 회피성 인격 장애, 의존성 인격 장애, 강박성 인격 장애 그리고 각종 신체적 장애인 동통장애, 건강염려증, 허위성장애 등을 앓습니다.

날이 갈수록 세상은 더욱 악해갑니다. 불신도 높아지고, 사람이 느끼는 불안 지수도 상당히 높습니다. 미래를 준비해야 한다는 부르짖음은 많지만 실상은 대부분이 내일을 겨냥할 수 없는 망막함에 살고 있습니다. 표현되지 못한 불안이 사람들을 병들게 합니다. 그래서 불안은 필히 해소되어야 하는 생존적 조건이 되고 있습니다. 그렇지 않으면 병이 되지요. 제때 제대로 된 표현방법으로 적절히 표현된 불안만이 병이 되지 않습니다.

불안을 치료하는 가장 좋은 약은 믿을 만하고 친밀한 공동체입니다. 누군가를 믿을 수 있고, 자기를 맡길 수 있다는 작은 믿음만 있어도 불안을 몰아낼 수 있습니다. 불안에 시달리는 사람은 의외로 자기의 주위에 믿을 만한 사람이 한 사람도 없다는 것이 공통점입니다. 불안할 땐 불안을 말할 수 있는 믿을 만하고 친한 한 사람만이라도 꼭 필요한데, 불안으로 시달리는 사람은 그런 사람을 단 한 명도 찾지 못합니다. 그래서 불안하고, 그래서 병이 되지요.

하나님은 사람과 관계를 시작하실 때 먼저 믿어주심으로 시작하십니다. 그러나 거기서 끝나지 않고 당신을 믿어달라는 관계로 발전하시지요. 쌍방이 믿는 관계에서만 관계를 시작하십니다. 한편에서만 믿는 일방적인 관계는(하나님만 우리를 믿는다든지, 사람만 하나님을 믿는다든지 등등) 상대편이 가질 수 있는 불안의 가능성을 제거할 수 없음을 잘 아시기 때문이지요. 건강한 관계가 형성되기 위해선 서로가 신뢰하는 관계에서 공동체를 시작해야 하기 때문입니다. 불안을 제거할 수 있는 가장 근본적인 관계의 조건이 서로간의 믿음임을 잘 아시기 때문이지요.

하나님은 사람이 서로 믿어주고 하나 되는 관계가 건강을 위해 얼마나 중요하신지 잘 아십니다. 서로 간에 관계가 멀어지면 불안이 틈타고, 그렇게 되면 조그마한 일에도 서로가 두려움에 휩싸이게 됩니다. 그래서 두려움이 깨어진 관계의 결과라고 말하는 것입니다. 예수를 믿는 믿음과 서로의 사랑이 불안과 두려움을 물리치지요. 그것이 복음이 안고 있는 비밀이요, 그것이 예수를 믿는 자들이 누리는 복입니다.

사연자는 병으로 관계합니다

사연자는 달리 다른 언어를 준비하고 살지 않기에 매사 사연의 언어로 생활을 풀어갑니다. 그러다보니 항상 사연으로 작동하게 되지요. 사연으로 작동하는 사람은 자연스럽게 병을 동반하고, 병을 동반하는 사람은 병으로 작동하게 됩니다. 병으로 작동하는 사람을 병자라고 부르지요. 그래서 사연자는 곧 병자입니다. 사연자는 여러 가지 방법을 동원하여 보복을 꿈꾸지만, 이루어지지 않자 마침내 발병으로 보복합니다. 그러나 병든 사연자를 좋아할 사람은 없기에 병들어 보복하는 것이 아니라 병들어 보복을 당하는 처지가 될 경우도 많습니다.

　병의 심각도는 각 사연자마다 다를 수 있지만 사연이 깊으면 깊을수록 병도 깊습니다. 병을 달고 사는 사람인지라 사연자는 병으로 관계합니다. 병이 없으면 관계할 줄 모르지요. 병자로 인해 자기는 병자가 아닌 줄 알았는데 자기가 병자인 것이 드러나는 것도 용납이 안 됩니다. 그래서 그 두려움 때문에 심한 혼동을 겪습니다. 병이 없는 생활은 할 줄을 모르고, 자기가 병자인 것은 용납할 수 없어서 주위의 누군가를 병자로 만들고 그 병자를 중심으로 자기의 인생을 희생하며 살아가는 사람도 있습니다. 그러면서 사연을 더욱 강화시키고, 자기를 더욱 증명하며 살게 되는 것입니다. 사연자는 병 없이는 절대 살 수 없습니다. 병으로 보복하고, 병으로 보복을 받습니다.

사연자는 병을 전염시켜 병자를 생산합니다.

　사연자는 자기만 병자로 살아가는 것을 용납할 수 없습니다. 자기만 병자로 살아간다면 너무 억울하지요. 자기가 누구 때문에 병자가 됐는데 절대 자기만 병자로 살아갈 수 없어서 그 병을 다른 사람에게 전염시킵니다. 굳이 전염시키겠다고 생각하지 않아도 병자와 함께 산다는 자체만으로도 전염되기에는 충분합니다. 사연자와 함께 사는 사람들이 세월과 함께 자연적으로 병자가 되는 것은 놀랄 일이 아닙니다. 병자가 건강해지든지 아니면 병자와 함께 사는 사람들이 건강해야 합니다. 건강치 못하면 병자는 늘어나게 되어 있습니다.

4. 사망심리는 병든 사연자가 추구하는 최종 목적지입니다

사망심리란 사생결단의 코스입니다.
사망심리로 움직이는 사연자의 특성은 현실을 기피하고
사람을 회피하는 것입니다.

사연으로 작동하는 사람마다 허세 심리가 작동하여 사건을 사건 이상으로 해석하고, 사건이 터질 때마다 사연을 증명하려고 갖은 애를 씁니다. 그렇게 보상을 원하지만 보상은 마치 밑 빠진 독처럼 채워지지 않습니다. 그래서 사연자는 여러 가지 방법을 동원하여 보복을 감행하는 것입니다. 그러나 보복 또한 사연자가 원하는 만큼 마음대로 되는 것이 아니기 때문에 사연자는 병이 들게 됩니다.

보복을 원했으나, 막상 보복이 되지 않기에 자기가 병자가 되어 보복하는 사망심리가 작동합니다. 사망심리란 "너 죽든지 아니면 나 죽든지"라는 사생결단의 코스입니다. 사연의 마지막 코스이기도 하지요. 사연이 작동하는 원리가 자기를 살려보겠다는 생존심리로 작동하기에 자살보다는 타살을 많이 선택합니다. 너 죽이고 나 살겠다는 심리이지요. 너의 잘못은 확대시키고, 나의 잘못은 축소하는 작업입니다. 그러나 진정 그렇게 하면 살 수 있을까요?

사망심리로 움직이는 사연자의 특성은 현실을 기피하고 사람을 회피하는 것입니다. 현실과 자신과의 부조화를 어떻게 다룰지 몰라 정신적 분열 속에서 살아가게 되지요. 그래서 사망심리로 작동하는 대부분의 사연자들은 병원에서 생활합니다. 정상적인 생활을 전혀 영위할 수 없는 사람들이지요.

사망심리로 작동하는 사연자는 자기혐오에 시달리며 살아갑니다. 자신에 대한 심한 열등감과 괴리감에 휩싸여 괴로워하고, 자기를 기피하며, 결국은 자기를 파괴하지요. 언어가 고정되어 있어서 새로운 언어 삽입은 불가능하고, 언어 삽입이 불가능하니 치료 또한 불가능합니다. 과거의 어떤 특정한 사건에만 고착되어 있어 고장 난 사람으로 살게 되지요. 사망심리로 작동하는 사연자는 사람의 힘으로는 재생이 불가능합니다.

하 씨는 자기를 가꾸지 않는 것으로 유명합니다.
머리도 엉망, 옷도 엉망,
눈에는 눈곱, 누런 이에 입 냄새도 고약한 여학생이었습니다.
친구들이 잘 다가갈 수 없는 '외딴섬'이었습니다.

하 씨는 남자들을 너무 싫어했습니다.
'남자' 하면 자동적으로 "악" 소리가 나왔습니다.

남자들과 연애하는 또래들은 쳐다보지도 않았습니다.
항상 지저분하게 하고 다니는 하 씨가 그런 반응을 할 때마다
친구들은 어디서 미친개가 짖는구나 하며 그냥 지나쳐주었습니다.
그러나 하 씨는 그들을 정상 이하의 사람들로 취급하고,
하찮게 보고, 비판하고, 우습게보고, 천하게 대우했습니다.
결국 그녀는 친구들 사이에서 '정신병자' 라는 진단을 받았습니다.
그럼에도 불구하고 하 씨의 '남자 질색증' 은 호전되지 않았습니다.

하 씨는 큰 딸이었고, 밑으로 여동생 둘이 있었습니다.
어렸을 때 아버지는 여동생들보다 하 씨를 무척 예뻐하셨고,
동생들 몰래 사탕과 과자도 사다주곤 하였습니다.
그러던 아버지가 이모와 다른 도시로 도망가 버리셨습니다.
몇 번 자살 소동을 벌리셨던 엄마는 술에 취해
"남자는 다 도둑놈이다"
"남자는 믿을 게 못 된다" 라는 말을 쉬지 않고 되뇌셨습니다.
하 씨는 어느 날 동생들과 대화를 나누다가
아버지가 동생들에게도 간식을 몰래 주셨다는 사실을 알았습니다.
하 씨는 이루 말할 수 없는 배신감과 불쾌감을 느꼈습니다.
"그래, 남자는 절대 믿을 게 못 돼. 엄마 말이 맞아!"

하 씨의 '남자 질색증'은 날이 가면 갈수록 더욱 심해져

어쩌다 길에서 남자와 옷깃이라도 스치면,
비명을 지르고, 옷을 찢고, 머리카락을 쥐어뜯고, 눈이 뒤집히며,
거품을 물고 그 자리에서 쓰러지곤 했습니다.
이제 하 씨는 아예 집 밖으로 나오지 못하는 사람이 되었습니다.

사연으로 작동하는 사망심리는 '나 살자'는 심리지만, 결국 나 죽이는 결과로 끝납니다. 타살이라는 것이 그리 쉬운 것이 아니고, 상대방이 나를 위해 쉽게 죽어주지 않기에 사연자는 자기를 자학해 '사망'을 이룹니다. "너 죽이고 나 살자"는 것이었는데, "나 죽고 너 죽는" 결과를 빚게 되는 것이지요.

사연으로 산다는 것은 참으로 무서운 일입니다. 죄의 결과라고 밖에는 말할 수 없는 참으로 악하고 더러운 열매입니다. 사람이 사연으로 작동하여 사연으로 관계를 맺으며 살아간다는 것만큼 사단에게 힘을 주는 것은 없을 것입니다. 그것이 사람이 살아가는 인생의 맛이라는 말은 병의 무서움을 경험해보지 못한 미성숙한 사람의 가벼운 말입니다. 사연을 철학적으로 시적으로 소설로 꾸밀 수는 있겠지만 현실에서 작동하는 사연은 로맨틱하게 표현하기엔 너무도 악한 것입니다.

사연은 그 사연을 시작한 세대나 지금 현재 그 사연으로 작동하여 살고 있는 세대가 절대적으로 끊어야 하는 악한 관계적 사슬이요, 못된 생활의 굴레입니다. 사연의 줄을 끊지 않으면 사연의 힘이 대대로 미쳐 그 악한 영향력을 가늠할 수 없습니다. 사연은 세월이 가면 갈수록 병에 병을 더

하고, 악에 악을 더합니다. 마음이 상하고 아파 괴로워하는 가족들은 각자 외로움에 시달리며 힘겨워하고, 관계는 어그러져 회복의 기운을 찾지 못하고, 서로를 미워하며 사람을 혐오하고, 생활을 증오하고 삶을 거부하는 사람들로 가득 차게 됩니다.

그래서 성경은 우리가 살아가는 세대를 일컬어 불법이 성하고 사랑은 식어지고 서로를 미워하며 거짓 선지자가 들끓고 많은 사람들은 그들에게 미혹된다고 말했습니다. 사연은 이 같은 악한 결과를 맺도록 사용되는 사단의 가장 주된 도구입니다. 사단도 일할 때는 말을 사용하기 때문입니다. 말 중에 가장 악한 말이 사람이 붙들고 사는 사연입니다.

사연자는 자기도 모르게 악한 사람으로 살아갑니다. 하나님이 은혜로 허락하신 믿음의 언어를 사용하지 않고, 땅으로부터 얻은 사연의 언어를 사용하기 때문이지요. 그래서 모든 사연자의 종말은 비참합니다. 사망 권세 밑에서 사연에 종노릇하다 사연에 억눌려 죽게 되는 것이지요. 사연보다 더 더럽고 더 악한 것은 세상에 없습니다. 죄는 사연이라는 가면으로 자기의 참모습을 가리고, 사연을 순진한 시골 처녀의 모습으로 변장시켜 사연으로 사는 것이 아무 문제도 아닌 것처럼 자연스럽게 만들어 버렸습니다. 사연으로 사는 것이 얼마나 악하고 더러운 것인지 알아차리지 못하도록 말입니다.

사연으로 사는 사람마다 죽습니다. 이 세상에서 사연으로 살지 않는 사람은 한 사람도 없기에 '죄의 삯은 사망'이란 하나님의 말씀과 일맥상통하는 말입니다. 사연은 피가 되고 살이 된 '자기 이야기'로 버릴 수도 없고, 포기할 수도 없습니다. 사연을 포기한다는 말은 살기를 포기한다는 말과 같기 때문에 사연을 포기하려면 죽어야 합니다. 그러므로 사연의 값은 죄의 삯과 같습니다. 즉 사망입니다.

사연으로 살지 않으려면 죽어야 합니다. 그러나 죽으면 무슨 소용이 있겠습니까? 그래서 하나님은 사람이 죽되, 주 안에서 죽을 것을 제시하셨습니다. 주 예수와 함께, 주 예수 안에서 그를 믿음으로 말미암아 죽으면 다시 살 수 있는 새 길을 제시하셨습니다. 사람이 죽으면 사연도 죽는 것이니 예수와 함께 죽고, 그 죽음과 동시에 주 예수를 믿음으로 다시 살게 되어 새 사람으로 새 삶을 시작하게 되는 것입니다. 이 새 삶은 전적으로 하나님의 은혜로 시작되는 삶으로 하나님 스스로가 이야기의 주인공이 되시고, 하나님의 이야기로 사람이 살도록 인도해 가십니다.

사연으로 살지 마십시오. 복음으로 사십시오. 그러면 삽니다. 사람의 이야기는 자신을 죽이지만 하나님의 이야기는 사람을 살립니다. 주 예수가 하나님의 말씀이시고, 이야기십니다. 영원히 살아있는 예수 이야기로 당신을 작동시키십시오. 주 예수를 믿는 믿음으로 살면 영원토록 예수와 함께 살게 됩니다. 아픔으로부터 자유하고, 모든 역기능으로부터 자유하고, 병으로부터 자유로운 복된 삶이 시작됩니다. 예수를 믿음으로 이 복을 누리며 사시는 우리 모두가 되기를 소망합니다.

종말로 형제들아 너희는 우리를 위하여 기도하기를
주의 말씀이 너희 가운데서와 같이 달음질하여 영광스럽게 되고

또한 우리를 무리하고 악한 사람들에게서 건지옵소서 하라
믿음은 모든 사람의 것이 아님이라
주는 미쁘사 너희를 굳게 하시고 악한 자에게서 지키시리라
너희에게 대하여는 우리의 명한 것을
너희가 행하고 또 행할 줄을 우리가 주 안에서 확신하노니
주께서 너희 마음을 인도하여
하나님의 사랑과 그리스도의 인내에 들어가게 하시기를 원하노라
(살후 3장 1-5)

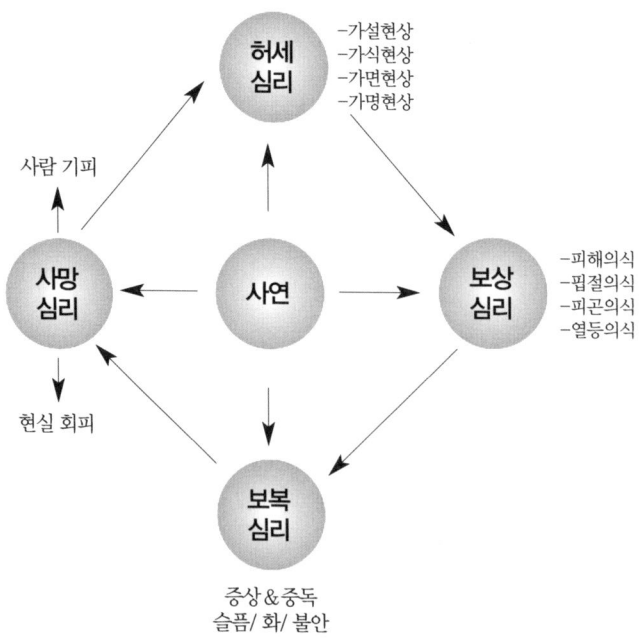

도표7. 4대 심리가 빚는 병적 증세

5. 병든 사연자의 한 줄기 희망

사연자로 사는 것은 하나님과 맞장 뜨는 자로 사는 것과 같습니다.
하나님의 은혜를 사모하십시오. 하나님의 은혜로만 사연에서 해방될 수 있습니다.

세상에는 생각지도 못한 은혜를 입을 때가 있습니다. 갚을 수 없는 돈을 탕감해 준다든지, 철천지원수가 갑자기 병으로 죽었는데 그 자녀를 입양하여 길러준다든지, 학교에 갈 수 없는 가난한 집 아이를 교육시켜 훌륭한 사회의 지도자가 되기까지 아끼지 않고 지원해준다든지 등등. 세상이 말하는 정상적이고 당연한 수준을 넘어서는 은혜의 경험이야말로 사람을 사연으로부터 건져내고, 모국어로부터 해방시키는 귀한 계기가 됩니다.

그러나 사연자에게 은혜란 기대할 수 없는 현실입니다. 어릴 적부터 은혜의 경험이 있기를 간절히 소망했지만 그럴 때마다 거절당했고, 사람들의 웃음거리가 되었기에 은혜를 사모했던 사연자는 냉혹한 현실의 비참한 피해자로 남아 괜한 억울함만 커졌을 뿐입니다. 아무도 그런 자신에게 신경을 쓰고 관심을 가져 주지 않습니다. 오히려 잘하지 못한다고 야단만 더 심해졌고, 집안 망신만 시킨다고 창피해할 뿐이지요.

히브리서 12장 15-17절에 다음과 같은 말씀이 나옵니다.

너희는 돌아보아
하나님 은혜에 이르지 못하는 자가 있는가 두려워하고
또 쓴 뿌리가 나서 괴롭게 하고
많은 사람이 이로 말미암아 더러움을 입을까 두려워하고
음행하는 자와 혹 한 그릇 식물을 위하여 장자의 명분을 판 에서와 같이
망령된 자가 있을까 두려워하라
너희의 아는 바와 같이
저가 그 후에 축복을 기업으로 받으려고 눈물을 흘리며 구하되
버린 바가 되어 회개할 기회를 얻지 못하였느니라

히브리서는 사람이 두려워해야 할 세 가지를 말합니다. 먼저 하나님의 은혜에 이르지 못하는 자가 있는지 두려워해야 합니다. 하나님의 은혜에 이르지 못한다는 것은 온전히 자기의 힘으로만 살아야 한다는 뜻입니다. 이는 모국어로 작동하여 사연으로 살 수밖에 없는 생존 조건을 의미합니다. 그러면 당연히 쓴 뿌리를 생산하게 되고, 많은 사람이 이로 인해 더러움을 입게 되지요. 그것이 사람이 두려워해야 할 두 번째 것입니다.

쓴 뿌리를 생산하며, 쓴 뿌리로 사는 사람은 풀리지 않은 많은 사연으로 사는 사람입니다. 이런 사람은 당연히 자기중심적이고 자기밖에 모릅니다. 배고픈 것을 해결하기 위해 붉은 죽 한 그릇에 장자권을 팔아먹은 에서와 같이 삶의 우선권이 자기만족에 있기 때문에 자기를 충족시키기 위해서라면 하나님도 기꺼이 저버릴 수 있습니다. 배가 고파 죽게 되었는데 한낱 장자권이 내게 무슨 소용이 있겠냐고 반응한 에서에게서 사연자의 핵심역동을 엿볼 수 있습니다.

세 번째로 에서와 같이 음행한 자 또는 망령된 자가 있는지 돌아보고 두려워해야 합니다. 성경은 에서를 음행한 자, 망령된 자라고 부릅니다. 배가 고파 장자권을 죽 한 그릇과 맞바꾼 에서는 나름대로 타당한 이유가 있습니다. 사람이 배가 고파 죽게 되었는데 장자권이 무슨 소용이 있겠습니까. 살아 있어야 장자도 되고 장자권도 행사하는 것 아닙니까? 그런데 성경은 그런 타당하고도 마땅한 에서의 이유를 당연한 것으로 용납하지 않습니다.

한 가지 흥미로운 사실은 성경이 하나님을 배반하는 행위를 의미할 때마다 음행이나 간음이라는 단어와 맞바꿔 쓰고 있다는 점입니다. 붉은 죽 한 그릇과 장자권을 맞바꾼 에서의 행위를 음행이라고 부르고, 그를 망령된 자라고 부르고 있는 이유는 그가 자기만족에 치중하여 하나님을 소홀히 여겼기 때문입니다. 하나님을 섬김의 중심 대상으로 삼지 않고, 자기를 섬김의 중심 대상으로 삼은 에서의 행위는 우상숭배와 같은 행위로 간주되고, 성경은 에서를 '음행하는 자'와 '망령된 자'라고 부르기를 서슴지 않습니다.

죽고 사는 권세가 하나님께 있고, 이 세상에 태어나게 하셨을 뿐만 아니라 장자가 되게 하셨고 장자의 권세를 행사하며 누리고 살게 하신 하나님이신데, 에서는 그 하나님을 자신의 한순간 배고픈 상태보다 중요하게 생각지 않았습니다. 그래서 하나님은 에서를 거부하고 그를 미워하신다고까지 성경은 말합니다(롬 9:13).

사연자는 자기중심적으로 삽니다. 자기가 유일한 섬김의 대상이지요. 생존의 조건과 목표가 자기만족에 있습니다. 다른 사람을 섬기는 일도 결국은 자기를 보호하고 자기의 유익을 위함입니다. 자기에게 손해가 되는 일은 결코 할 수 없는 것이 사연자입니다. 그래서 사연자는 은혜를 모를 뿐더러 타인에게 은혜를 끼칠 줄도 모릅니다. 그저 현실에 충실할 뿐이지요.

은혜에 이르지 못하면 자동적으로 사연의 쓴 뿌리가 작동하여 결국은 자기를 섬기는 우상 숭배자로 살아가게 합니다. 사연은 악입니다. 사연으로 사는 것은 악한 행위입니다. 사연자로 사는 것은 하나님과 맞장 뜨는 자로 사는 것과 같습니다. 하나님의 은혜를 사모하십시오. 하나님의 은혜로만 사연에서 해방될 수 있습니다.

도은미의 1분 강의실

"사연에 매여 사는 사람은 죽지만 복음에 매여 사는 사람은 삽니다"

1. 허세심리는 본래의 모든 것, 즉 본래의 이야기, 본래의 이름, 본래의 얼굴, 본래의 행동을 가짜로 덮어 버린다.

2. 보상심리는 피해의식, 피곤의식, 핍절의식, 열등의식으로 작동하여 사연자를 극단적인 이기주의자로 만든다.

3. 사연자는 슬픔, 화, 불안의 3대 감정으로 자신의 병을 드러내고, 이 병을 전염시켜 병자를 생산하는 방식으로 보복한다.

4. 사망심리는 '나 살자'는 심리지만, 결국은 나 죽이고 남 죽이는 결과를 부른다.

"언어가 길입니다"

하나님은 사람과 언어로 일하십니다.
사단도 언어로 일하지요.
사람을 다스리고 조정할 수 있는 다른 방법은 없습니다.
사람은 언어로 창조되었기 때문입니다.
사람의 핵심이 언어지요.

언어에는 하나님이 길을 터놓은 언어가 있는가 하면
사단이 길을 터놓은 언어도 있습니다.
복음은 하나님이 길을 터놓은 언어고,
사연은 사단이 길을 터놓은 언어입니다.
하나님도 사단도 언어를 통해 일합니다.

사람이 하나님의 말씀에 붙들려 살아가면
하나님이 일하심을 경험할 것이요,
그렇지 않으면 자기 사연에 붙들려 살아가기에
사단이 일한 열매를 얻게 됩니다.
사단은 사람이 살면서 경험으로 얻어낸 언어를 통해
그 사람을 조종하고 조절하고 다스리고 힘을 발휘하지요.
만약 사람에게 사연이 없다면 사단은 사람을 절대 다스릴 수 없습니다.

피해의식이나 피곤의식이나 핍절의식이나 열등의식은
다 사단이 일하기 위해 터놓은 길로서 튼튼하고 단단한 언어들입니다.
의식화되어 인격에 뿌리를 내린 언어들이기에
사단이 일할 수 있는 탄탄하고 넓은 대로들입니다.
만약 피해자나 피곤자나 핍절자나 열등자라는 의식으로 살아간다면
그 인생의 불행은 막을 길이 없습니다.
자신이 가지고 살아가는 언어가 불행을 자초하는 언어고,
그 언어 자체가 불행이라는 탄탄한 대로기 때문입니다.
사연은 사단이 일하기 위해 터놓고, 다져놓은 탄탄한 길이기 때문입니다.

성경은 이렇게 말합니다.
우리의 싸우는 병기는 육체에 속한 것이 아니요
오직 하나님 앞에서 견고한 진을 파하는 강력이라

모든 이론을 파하며
하나님 아는 것을 대적하여 높아진 것을 다 파하고
모든 생각을 사로잡아
그리스도에게 복종케 하니
너희의 복종이 온전히 될 때에
모든 복종치 않는 것을 벌하려고
예비하는 중에 있노라
(고후 10: 4-6)

허세심리, 보상심리, 보복심리, 사망심리
피해의식. 피곤의식, 핍절의식, 열등의식
어떤 심리나 의식이라도, 언어가 시스템으로 작동한다는 것은
그 언어가 이미 그 사람과 관계 속에 뿌리내려
터를 잡았다는 의미입니다.
그렇게 되면 그 사람을 인도하고 지탱하는 '견고한 진'으로 작동하지요.
그 언어는 그 사람이 살아가는 인생철학이고,
모든 문제를 풀어가는 이론이며, 항상 옳다고 주장하는 신념입니다.
그 언어를 죽이지 않으면 사단의 침투는 절대 막지 못합니다.
불행은 지속되지요.

사연은 죄의 결과입니다.

땅으로부터 얻을 수 있는 가장 강력한 언어이기에,
사단이 마음 놓고 일하는 언어입니다.
그래서 그 언어들은 십자가에서 해결되지 않으면 안 됩니다.
예수가 십자가에서 못 박혀 돌아가실 때
우리도 예수와 함께 십자가에 못 박혀 죽었다고 성경은 말합니다.

내가 그리스도와 함께 십자가에 못 박혔나니
그런즉 이제는 내가 산 것이 아니요
오직 내 안에 그리스도께서 사신 것이라
이제 내가 육체 가운데 사는 것은
나를 사랑하사 나를 위하여 자기 몸을 버리신
하나님의 아들을 믿는 믿음 안에서 사는 것이라
(갈 2: 20)

사람이 죽으면 그 사람의 언어도 죽습니다.
이는 그 언어를 사용할 사람이 없어졌다는 의미입니다.
언어는 사용하지 않으면 힘이 없어지기 때문이지요.
아무리 강력하고 견고한 진을 이루는 언어라도
사용하지 않으면 힘이 없어집니다.
모든 이론과 생각을 다 그리스도께 복종시킨다는 의미는
그리스도를 믿는 믿음으로

사람이 소유했던 사연적 언어를 더 이상 사용하지 않고,
그리스도께 속한 믿음의 언어를 사용한다는 의미입니다.
더 이상 사용하지 않는 사연적 언어는 자연적으로 힘을 잃고
사용하는 믿음의 언어는 점점 더 그 힘을 발휘하기 때문이지요.
그러면 경험으로 소유하게 된 사람의 언어가
사람을 움직이는 것이 아니라
선하고 진리이신 예수 그리스도의 언어가 그 사람을 움직이게 됩니다.

말은 사용하지 않으면 힘을 잃습니다.
말은 사용할수록 힘을 얻고, 권력을 가지고, 권세를 행세합니다.
믿음의 언어를 사용하십시오. 믿음의 권세를 발휘하십시오.
피해자는 이웃을 위해 기꺼이 희생하는 자로,
핍절자는 이웃을 위해 풍성하게 나누는 자로,
피곤자는 이웃을 기쁨으로 섬기는 자로,
열등자는 이웃과 샬롬으로 관계하는
형통한 능력자로 변화하실 것입니다.

복음으로 사십시오.
그러면 허세 심리는 하나님의 신령과 진정으로
보상 심리는 상 주시는 하나님이심을 믿음으로
보복 심리는 원수를 갚아주시는 하나님께 의뢰함으로

사망 심리는 영원한 생명이신 하나님께 속함으로
모든 사연의 싸이클이 그 힘을 잃고 해체될 것입니다.

남기는 말

"소중하고 소중한 '가정'을 위해 읽고 배우고 깨닫고 실천하십시오"

가정해부학은 말 그대로 가정을 해부하는 학문입니다.

내용이 전개되는 과정 가운데, 하나님의 일하심을 기대하는 언어를 사용하긴 하지만 내적 치유를 목적으로 쓴 책이 아니기에 단계별 해결책과 구체적인 해결 방안을 제시하지 않습니다.

그러나 책이 한 권 한 권 그 권수를 더해 갈 때마다

"아, 이것이구나!" 하는 깨달음과 함께 자신의 문제를 파악하고 해결할 수 있는 귀한 언어를 소유하게 될 것입니다.

가정해부학은 점차적으로 가정을 더욱 자세히 해부해 나갑니다.

가정이 어떻게 작동하는지에 대해 설명해나가면서

그때그때 조금 더 전문적인 언어로 그 깊이를 더해 갈 것입니다.

가정해부학 1 「살아있는 가정」은 가정이 작동방법에 대한 서론적 언어를 소개했고, 가정해부학 2 「사연으로 움직이는 가정」은
사연이 어떻게 가정을 작동시키는지에 대해 자세히 설명했습니다.
다음 책이 될 가정해부학 3 「사연은 역할과 기능을 부여합니다」에서는
사연이 어떻게 가족들에게 역할과 기능을 부여하여
가정을 작동시키는지에 대해 자세히 해부할 것입니다.
가정해부학은 가정을 이해하는 언어가 전체적인 눈을 갖게 될 때까지
해부하기를 쉬지 않을 것입니다.

가정해부학은 가정을 이해하기 위해 준비된 학문입니다.
한국인이 한국인의 언어로
가정을 이해하기 쉽게 풀어놓은 학문입니다.
읽고 배우고 깨닫고 실천하여
가정에 대한 우리의 '무식함'이 무너져 가정의 혼란과 이혼을 막고
지혜로움이 한껏 작동하여 가정이 세워지기를 소망합니다.

Family Life Couch

도은미 사모